AF591004

APUNTES DE HISTORIA DE ESPAÑA

PARA LOS AMIGOS

F. du Souich

1.ª edición: enero 2009
1.ª edición corregida: marzo 2011
2ª edición corregida: abril 2011

Edita: Lulu Enterprises

Raleigh, N.C., U.S.A.

www.lulu.com

ISBN: 978-1-4475-2733-6

ÍNDICE

PRÓLOGO

La espléndida Península Ibérica, el hogar de lusitanos y españoles, disfruta de una privilegiada situación geográfica –"la primera parte de la tierra es el Occidente, es decir, Iberia" (Estrabón en Igual Úbeda, 1956)–, es el lugar donde convergen dos continentes y donde el mar Mediterráneo, cuna de muchas civilizaciones y de la occidental en particular, se comunica con el océano Atlántico, camino hacia el Occidente… (Igual Úbeda, 1956).

Sin embargo, no es una tierra siempre cómoda, no es un paraíso; la orografía y el clima en la mayor parte del país son duros y complicados. No ha sido nada fácil construir la España que hoy tenemos, y estamos en deuda con los que nos precedieron, no lo olvidemos.

El pueblo español, tan rico de espíritu, de ambiciones y de esperanzas ha sido padre o madre de pueblos, ha conocido momentos de humillación y de grandeza radiante; pero en cualquier ocasión, por triste que haya sido su devenir, la voluntad de su carácter le ha permitido resurgir y mantenerse entre los pueblos más civilizados… (Igual Úbeda, 1956).

No obstante, los españoles también tenemos serios defectos que frenan nuestro caminar: todas nuestras guerras civiles se han basado siempre en un conflicto anterior, o nuestra pertinaz manía de reeditar fórmulas y soluciones políticas o territoriales, que resultaron anteriormente en trágicos fracasos, en lugar de poner por delante el bien de todos. Tanto es así, que ahora mismo, la sociedad civil y la Constitución españolas están siendo sitiadas y amenazadas por malandrines de todo tipo y ralea.

¿Carecemos de cierto sentido del humor?, ¿nos tomamos demasiado en serio?, ¿no sabemos olvidar y perdonar?, ¿somos rencorosos?, ¿es por espíritu de revancha?, ¿es fanatismo ideológico? En todo caso, algunos de éstos son nuestros demonios.

Sin embargo, no podremos amar a España sin asumir nuestra historia, no solamente por sus páginas más brillantes –por cierto, no hemos sabido ponerlas en relieve ante el mundo–, sino también por las más oscuras; tampoco debemos condenar a España mirando solamente los periodos más negros.

Nadie puede dudar que existan periodos brillantísimos en nuestra historia, basta contemplar nuestro patrimonio cultural, que nos viene de la mayor antigüedad y es inmenso, para asegurar que globalmente tenemos pleno derecho de sentirnos orgullosos de nuestro pasado histórico. Hoy, 450 millones de personas hablan castellano, un claro reflejo de lo que España ha sabido sembrar.

Por estas últimas razones, he deseado darle un repaso a nuestra historia y he elaborado este trabajo, que no es más que un resumen, casi una simple relación de nombres y hechos.

Disculpad los errores que no haya advertido.

Granada, abril de 2011

F. du Souich

ATAPUERCA

La sierra de Atapuerca (Burgos) atesora numerosos yacimientos arqueológicos y antropológicos que demuestran la presencia humana en la Península Ibérica desde tiempos remotísimos:

SIMA DEL ELEFANTE: restos humanos y de utensilios líticos de no menos de 1,2 millones de años. Los útiles de piedra pertenecen a la técnica de fabricación arcaica denominada Modo 1 u Olduvayense del Paleolítico Inferior (~ 2,5 millones de años. - ~ 300 mil años)

GRAN DOLINA: restos humanos y herramientas líticas fechados en unos 800 mil años; los elementos antropológicos pertenecen a *Homo antecessor* u *Homo erectus*, y los útiles al Modo 1.

SIMA DE LOS HUESOS: restos óseos de por lo menos 28 o 29 individuos con unos 400 mil años o más de antigüedad y un hermoso bifaz –"hacha de mano"– (Modo 2 o Achelense, del Paleolítico Inferior). Los restos humanos, a veces muy bien conservados, se atribuyen a *Homo heidelbergensis* u *Homo sapiens* arcaico.

También se han encontrado, en Atapuerca, utensilios del Modo 3 o Musteriense (Paleolítico Medio, ~ 300 mil años - ~40 mil años), que fue la cultura lítica de los neandertales.

Los restos paleontológicos, de fauna, son también espectaculares, pertenecieron a tigres de dientes de sable, osos, caballos, bisontes, elefantes, rinocerontes, ciervos, leones, hienas, etc.

ARTE RUPESTRE

El arte rupestre español consiste principalmente en pinturas y grabados sobre los muros de las cuevas; se fechan entre hace algo menos de 22 y algo más de 10 mil años, y pertenecen a las fases finales del Paleolítico Superior (~ 40 - ~10 mil años).

En España son numerosos los yacimientos con pinturas rupestres, el conjunto principal, con cerca de 100 cuevas, se encuentra en el norte peninsular, desde Navarra (cueva de Alquerdí) hasta Asturias (San Román de Candamo) y que constituye el área cantábrica: Altxerri, Ekain, Santimamiñe (País Vasco), Altamira, El Castillo, Chufín, Covalanas, El Pendo, Las Chimeneas, Hornos de la Peña, La Garma, La Pasiega, Las Monedas en Cantabria, El Pindal, Tito Bustillo, Covaciella, Llonín, Peña de Candamo en Asturias, son los nombres de algunos de los lugares.

También hay cuevas con pinturas en Guadalajara (La Hoz, Los Casares), en Cáceres (Maltravieso), en Málaga (Nerja, Ardales, La Cala, La Pileta), Cádiz (cueva del Mono), etc.

Las pinturas representan bisontes, toros, cérvidos, caballos, cápridos, jabalíes, manos en negativo, signos tectiformes; del reno no hay muchas representaciones, y son más escasas las de rinocerontes y mamuts.

EDAD ANTIGUA
CALCOLÍTICO

LOS MILLARES

Es el nombre de un poblado amurallado, sobre un cerro que domina el río Andarax (Almería); data de la Edad del Cobre (o Calcolítico, o Eneolítico) y su existencia transcurrió durante el III milenio a.C. principalmente. No tiene parangón en el Mediterráneo occidental.

Esta pequeña ciudad dispuso, para su defensa, de un complejo de murallas, de fortines en las lomas cercanas, y pudo contener, quizás, unos 1.500 habitantes. Su necrópolis es interesantísima por la presencia de sepulcros de falsa cúpula.

CALCOLÍTICO

MEGALITISMO ANDALUZ

El megalitismo andaluz está constituido principalmente por tumbas que alcanzan proporciones monumentales, construidas con piedras gigantescas; tienen formas distintas: dólmenes, grandes sepulcros con cámara cuadrada u ovalada, o cámara circular y falsa cúpula, y con corredores o galerías cubiertas; en algún caso su arquitectura se limita a un corredor largo que se ensancha ligeramente hacia el interior. Los conjuntos estuvieron cubiertos por túmulos de tierra.

Los más famosos son los de Menga, Viera y Romeral en Antequera (Málaga), La Pastora y Matarrubilla en Sevilla, Soto en

Huelva.

Su cronología se sitúa en el III milenio a.C., en algunos casos son del II (Edad del Cobre, o Calcolítico, o Eneolítico).

EDAD DEL BRONCE

EL SURESTE ESPAÑOL

La cultura argárica es la más famosa y rica de la Edad del Bronce español; floreció en el sureste de España (Almería, Granada, Murcia, Alicante), durante el II milenio a.C. (entre ~ 1.800 y ~ 1.200 a.C., como fechas más aceptables).

La cultura argárica se caracteriza, en primer lugar, por un desarrollo y florecimiento extraordinario de la metalurgia española, y en segundo lugar por sus poblados defendidos por murallas y fortines. Los metales, el bronce, la plata y el oro son abundantes: hachas, puñales, espadas, sierras, escoplos y objetos de adorno personal. Su cerámica presenta gran riqueza y variedad de formas.

Una serie de ricos poblados en el sureste de España permite conocer con cierto detalle la cultura del Argar. Aparte del que ha dado su nombre a esta cultura, situado sobre un cabezo fortificado que domina el río Antas (Almería), hay muchos más, siempre con parecida situación topográfica, alturas fortificadas; disponían de canalizaciones de agua.

Debajo de los pisos de las casas aparecen los enterramientos con el cadáver encogido dentro de fosas simples, pequeñas cistas de piedra, o embutidos dentro de grandes tinajas ovoides.

La cultura argárica puede ser considerada como una de las más importantes del Mediterráneo occidental.

ISLAS BALEARES

La cultura del Bronce en las islas Baleares mayores (Mallorca y Menorca) es famosa por sus espectaculares monumentos megalíticos del II y I milenio a.C.: recintos amurallados, poblados fortificados, *talayots*, *navetas* y *taules* o *taulas* (las dos últimas son exclusivas de Menorca).

Los talayots son torres de planta circular y, a veces, cuadrada; la naveta es una construcción funeraria colectiva de Menorca, se asemeja a una nave invertida. Las taulas (mesas) son complejos en cuyo centro se eleva una "mesa" formada por dos losas gigantescas, una hincada en el suelo y la otra colocada horizontalmente por encima; el carácter religioso de estas edificaciones menorquinas es indudable.

EDAD DEL HIERRO

ESPAÑA, EL NOMBRE

En la Biblia se menciona *Tarshish*, que es el *Tartessos* griego del sur de España; los griegos conocieron la Península con el nombre de *Iberia*, posiblemente desde el siglo (s.) VII o VI a.C.; los romanos la denominaron *Hispania*, nombre que podría derivar de la palabra fenicia *saphan* (conejo), tierra o país de conejos. De los fenicios pudo pasar a los cartagineses y de éstos a los romanos. El nombre *Spania* aparece en los ss. VI y VII como provincia española bizantina.

EDAD DEL HIERRO

INVASIONES INDOEUROPEAS

Los celtas, pueblos indoeuropeos procedentes de Europa central, penetraron en la Península entre 1.200 y 800 a.C. y representaron la primera Edad del Hierro. Las invasiones celtas se continuaron en los ss. VIII-VI a.C.

Las grandes oleadas celtas del s. VII a.C. penetraron por el Pirineo occidental (Navarra, País Vasco) y se establecieron, principalmente, en la meseta castellana y en las regiones del Oeste (Galicia y Portugal). Los tartesios (andaluces) los contuvieron en el Sur y los iberos (levantinos) en el Este

Al ocupar los celtas la meseta y mezclarse con los nativos, algo iberizados, se fue formando un pueblo mixto que se conoce como los celtíberos.

Desde estos tiempos se empezaron a construir los castros (poblados más o menos fortificados), en la parte occidental de la Península, desde el Cantábrico hasta el Duero.

Sus esculturas más famosas son los toros (toros de Guisando, Ávila) y los verracos (los de Ávila y muchos otros lugares).

La excavación de la ciudad de Numancia (Soria), que pudo albergar quizás unas 8.000 personas, ha demostrado la intensidad de la influencia ibérica.

VIRIATO, lusitano, dirigió un levantamiento de las tribus celtibéricas contra Roma. Esta sublevación no terminó hasta que Viriato fue asesinado por uno de los suyos (139 a.C.), con ello los lusitanos quedaron sometidos al imperio.

Muchos guerreros de Viriato se refugiaron en una población cercana a Soria, Numancia, que continuó la resistencia ante la conquista romana. El general romano Publio Escipión Emiliano le puso cerco; los numantinos no se rindieron y prefirieron incendiar la ciudad; sin embargo, el incendio no debió ser total y, al parecer, finalmente hubo capitulación con la toma de prisioneros (133 a.C.).

LOS IBEROS

Los iberos son los pueblos indígenas mediterráneos, herederos de los florecimientos culturales anteriores (Los Millares, El Argar...) y que más tempranamente recibieron las influencias culturales del Mediterráneo oriental (fenicios, griegos y cartagineses).

Tradicionalmente, se han distinguido los tartesios de Andalucía occidental y los iberos de las demás regiones mediterráneas.

En diversos pasajes de la Biblia, y singularmente en los que se refieren al rey Salomón y a su suegro Hiram I de Tiro (Líbano, s. X a.C.), se menciona el rico reino de Tartessos (*Tarshish*) que habría estado localizado no muy lejos de *Gades* (Cádiz). La riqueza de este foco cultural se debió a la agricultura y al comercio de los metales; mantuvo contactos con los fenicios y los griegos. Este supuesto reino fue destruido por los cartagineses allá por el año 500 a.C.

A la cultura tartésica se atribuye el tesoro de El Carambolo (Sevilla) que consiste en 21 piezas, finamente decoradas, de oro (casi tres kilos) y datado en el s. VI a.C.

El florecimiento de la cultura ibérica de Tartessos se explica por los contactos muy tempranos e intensos con los fenicios y cartagineses (*Cartago* fue fundada por los fenicios en el s. IX a.C.).

La cultura ibérica, considerada globalmente, fue la más brillante del Mediterráneo occidental en aquel momento. Se le suelen distinguir tres fases: a) entre el 550 y el 450 a.C. en que se notan los influjos orientales; b) entre 450 y los inicios de la romanización, la etapa más típica, con fuertes influencias griegas, y c) la fase de romanización.

En esta España "ibérica" se construyeron numerosas ciudades amuralladas y fortificadas, templos, necrópolis de incineración, etc.; es muy notable la obra escultórica de los iberos, especialmente las damas de Elche (Alicante) y de Baza (Granada); también deben mencionarse los relieves de Osuna (Sevilla) y las esculturas de animales fantásticos: la bicha de Balazote (Albacete), la esfinge de Bocairente (Valencia), los leones de Baena (Córdoba), etc.

COLONIZACIONES

FENICIOS Y CARTAGINESES

Desaparecida la hegemonía cretense en el Mediterráneo hacia finales del II milenio a.C., los fenicios tomaron el relevo y fueron estableciendo una serie de factorías comerciales a lo largo de la costa africana hasta que llegaron a España, donde fundaron la de Gades (Cádiz). La tradición quiere que se sitúe la fundación de Cádiz hacia el año 1.100 a.C. (Veleyo, Estrabón, Plinio); sin embargo, no se han encontrado testimonios arqueológicos anteriores al s. VIII a.C.

Otras fundaciones fueron *Karteia*, (Algeciras), *Malaka* (Málaga), *Sexi* (Almuñécar), *Abdera* (Adra), *Ebusus* (Ibiza) en las islas *Pitiusas* (Ibiza y Formentera), *Cartago Nova* (Cartagena) sobre la ibérica *Mastia*, y tal vez Mahón (por el general cartaginés Magón, en el año 205 a.C., el *Portus Magonis* de la época romana).

No es fácil precisar si todas estas factorías comerciales fueron fundaciones fenicias o cartaginesas, dado que los fenicios habían fundado la ciudad de Cartago, en el norte de África, cerca de Túnez, en el 814 a.C., que heredó la supremacía comercial que había tenido Tiro.

Es famosa la localidad de Sagunto (Valencia), un cerro ibérico estratégico y fortificado de la zona de influencia griega, que fue atacada por el general cartaginés Aníbal (247-183 a.C.), hijo de Amílcar Barca; el sitio duró ocho meses. Una vez tomada (219 a.C.), Aníbal la convirtió en una sólida fortaleza, pero esta conquista violaba el tratado con los romanos, razón por la cual se inició la segunda de las guerras Púnicas.

GRIEGOS

Los griegos, también con la intención de comerciar con Iberia, navegando por las costas septentrionales del Mediterráneo, empezaron a llegar a España durante los ss. VII-VI a.C.: *Rhode* (Rosas, Gerona), *Emporion* (Ampurias, Gerona), *Kallipolis* (cerca de Tarragona), *Hemeroskopion* (Denia, Alicante), *Akra Leuké* (Alicante), *Mainake*, a 27 kilómetros de Málaga y otras, fueron sus fundaciones.

La cultura ibérica se vio fuertemente influenciada por la griega. Las culturas ibérica y clásica fueron penetrando hacia el interior de la Península influenciando a los demás pueblos.

La más importante y mejor conocida de las colonias griegas en España es la de Ampurias, con su paleópolis y su neápolis; la primera pudo ser fundada a principios del s. VI a.C.

HISPANIA ROMANA (ss. II a.C. - V d.C.)

La conquista de la Península por parte de Roma comenzó con Cneo Escipión que desembarcó en Ampurias en el 218 a.C. y no se terminó hasta el año 19 a.C. en que el general Marco Agripa acabó con la resistencia de los cántabros y astures, en tiempos del emperador Octavio Augusto (31 a.C.-14 d.C.).

Durante estos dos siglos, se destacaron en Hispania: Publio Escipión, Publio Cornelio Escipión, Marco Porcio Catón, Sempronio Graco, Lucio Licinio Lúculo, Sergio Sulpicio Galba, Quinto Servilio Cepión (vencedor de Viriato), Quinto Cecilio Metelo, Publio Escipión Emiliano (el que conquistó Cartago en el 147 a.C. y Numancia en el 133), Quinto Sertorio (que instituyó una escuela en *Osca*, Huesca), Pompeyo (fundador de la ciudad de *Pompaelo*, Pamplona), Cayo Julio César, Octavio Augusto.

Augusto, creyendo que Hispania estaba pacificada, decretó su incorporación al imperio ya en el año 38 a.C., con lo que comenzó lo que se llamó la Era Hispánica.

Por primera vez, la Península Ibérica estaba unida y constituía una entidad política y administrativa; este sentimiento de unidad geográfica y de entidad con características particulares se ha mantenido siempre desde entonces, y nunca se ha olvidado.

El dominio romano sobre Hispania se continuó hasta el año 409 d.C.

Hispania estuvo en la órbita de Roma y de su civilización durante seis siglos; este proceso de romanización dejó una huella que ha subsistido hasta la actualidad.

Las regiones litorales de la Península, más rápidamente romanizadas por su costumbre de mantener contactos y relaciones con fenicios, cartagineses y griegos, y por su propia cultura (ibérica), influyeron poco a poco en todo el país: "y ése fue uno de los más hermosos momentos de la Península", nos dice P. Vilar (1974).

Esta "edad de oro" se situó, especialmente, en los dos primeros siglos después de Cristo: las minas españolas eran explotadas, los caminos y puentes llegaban hasta Galicia y Cantabria, muchas importantes obras hidráulicas –a menudo atribuidas erróneamente a los árabes– datan de tiempos romanos (Vilar, 1974).

Hispania enviaba sus riquezas a Roma, Andalucía fue uno de los graneros del imperio; también mandó a la capital a sus hijos más preclaros: QUINTILIANO, MARCIAL, LUCANO, SÉNECA y grandes emperadores como TRAJANO Y ADRIANO (Vilar, 1974).

Esta superestructura colonial romana, esta organización geográfica, política, social, cultural y comercial, este andamiaje sólo se hundió completamente ante el Islam, en el año 711 (Vilar, 1974).

Según Plinio el Viejo (23-79), en el s. I d.C. existían 513 ciudades en Hispania, en gran mayoría de origen indígena, que se iban romanizando. El emperador Tito Flavio Vespasiano (69-79) concedió el derecho latino a todas las *civitates* hispánicas.

Una disposición del emperador Caracalla (211-217), del año 212, otorgó el derecho de ciudadanía romana a todos los habitantes libres del imperio.

A lo largo de la dominación romana, se calcula que la Península Ibérica tenía entre 6 y 9 millones de habitantes.

ESCRITORES HISPANOLATINOS

Destacaré:

Anneo SÉNECA (hacia 50 a.C.- h. 40 d.C.), llamado el Viejo, retórico e historiador;

Lucio Junio Moderado COLUMELA (s. I d.C.), natural de Cádiz, escribió un tratado de agricultura;

Pomponio MELA (s. I), de origen ibérico, autor del tratado latino de geografía más antiguo que se conoce;

Lucio Anneo SÉNECA (h. 4 a.C.-65 d.C.), filósofo estoico, cordobés e hijo del anterior, senador en tiempos de Calígula (37-41) y preceptor de Nerón (54-68), acusado de haber tomado parte en la conjuración de Pisón (65), se vio obligado a quitarse la vida, cosa que hizo con la misma dignidad y serenidad que Sócrates;

Marco Anneo LUCANO (39-65), cordobés, sobrino de Séneca, tuvo que suicidarse por el mismo motivo que su tío, fue el autor del poema épico *La Farsalia* (10 libros);

Marcos Fabio QUINTILIANO (h. 30-h. 100), natural de Calahorra (La Rioja), gran pedagogo, estimado hasta el mismo Renacimiento;

Marco Valerio MARCIAL (h. 40-h. 104), de Calatayud, fue uno de los poetas romanos más inspirados;

Lucio Anneo FLORO (s. I-II), contemporáneo del emperador Adriano (117-138), historiador.

También fueron escritores los emperadores españoles TRAJANO (98-117) y ADRIANO.

Entre los escritores cristianos de origen hispano mencionaré: OSIO (Córdoba, h. 257- *id*., h. 358), obispo de Córdoba, consejero del emperador Constantino, presidió el concilio de Nicea (Asia Menor) en el que se condenó la herejía arriana, Marco Aurelio PRUDENCIO (348-h. 415), poeta, OROSIO (s. IV-V), historiador y teólogo, San DÁMASO, el primer pontífice (de 366 a 384) nacido en Hispania.

EMPERADORES HISPANOS

Son bastantes los autores que se aventuran a mencionar que cinco emperadores romanos nacieron en Hispania: Servio Sulpicio GALBA (68-69), Marco Ulpio TRAJANO (98-117), Publio Elio ADRIANO (117-138), MÁXIMO (383-388) y TEODOSIO I el Grande (379-395).

Trajano dio al imperio sus límites más dilatados, traspasó el Rin, el Danubio y el Éufrates, fue el fundador de Rumania, país que aún conserva el espíritu latino. Adriano, primo y sucesor de Trajano, también era originario de la Bética, su política fue de paz y de buena administración. Teodosio I (de Sevilla?, de Segovia?), impuso la religión católica frente al arrianismo y al paganismo, consiguió que los visigodos, una vez más, se frenaran y fueran aliados del imperio.

En muy pocas palabras, es indudable que Hispania desempeñó un papel relevante y brillante dentro del imperio romano.

ARQUITECTURA ROMANA

Roma, en Hispania, no construyó solamente ciudades, puertos (Tarragona, Cartagena, Málaga, Cádiz, Lisboa, Oporto, La Coruña), faros (como la Torre de Hércules en La Coruña), anfiteatros (Ampurias, Tarragona, Carmona, Itálica, Mérida), circos (Tarragona, Toledo, Mérida), teatros (Sagunto, Itálica, Mérida), sino que unió y enlazó todos los lugares del país mediante una red de calzadas y puentes (el de Alcántara –Cáceres– sobre el río Tajo, el de Mérida –Badajoz– sobre el Guadiana, etc.); tampoco pueden olvidarse los acueductos que aseguraban el suministro de agua potable (Tarragona, Segovia, Mérida...), y toda clase de edificios públicos.

EDAD MEDIA (ss. V-XV)

INVASIONES GERMÁNICAS (s. V)

Los cuatro pueblos germánicos invasores fueron: SUEVOS, VÁNDALOS, ALANOS y VISIGODOS.

Los suevos eran un conjunto de pueblos de Germania que habitaban más allá del río Elba; se establecieron entre el Rin y el Danubio hacia finales del s. I d.C., y diversas ramas de este pueblo están atestiguadas en los siglos posteriores en toda la Europa del Norte. En el año 409, junto con los alanos y los vándalos, pasaron los Pirineos; fundaron un reino en la provincia de *Gallaecia* que perduró hasta el 485 (Martín, 1976).

Los vándalos son un pueblo germánico surgido de un conjunto heterogéneo de tribus; en el s. I d.C. se cita como un grupo de pueblos situados en la actual Pomerania (dividida entre Alemania y Polonia). Se sabe que en el s. III se hallaban divididos en dos grandes grupos, uno de ellos en la región del río Main superior (Alemania), y otro asentado en las llanuras de Panonia (valle del Danubio). Probablemente, fue a raíz de la presión de los hunos que en el 406 los vándalos, con los alanos y suevos, cruzaron el Rin. Entre los años 409 y 411 conquistaron la Península; una parte de ellos se estableció en la Bética (para algunos el nombre de Andalucía derivaría de Vandalia o Vandalousia). En el año 429 invadieron el África romana (Martín, 1976).

Los alanos, una de las principales tribus sármatas (de origen iranio) establecidas entre el mar Caspio, el de Azov y el Cáucaso; empujados por los hunos, se asentaron en Hungría para pasar luego a la Galia (406). Parte de ellos, unidos con los suevos y los vándalos, pasaron a Hispania en el año 409 (Martín, 1976).

Los vándalos y los alanos dejaron muy pocas huellas de su paso por Hispania.

Los visigodos, godos occidentales, frente a ostrogodos, godos orientales. Por causas todavía poco claras, unos pueblos escandinavos emigraron lenta, pero continuamente en dos direcciones: hacia el Suroeste (actuales Alemania y Francia), y en dirección al Sureste, hacia Ucrania y las estepas rusas. Esta última ruta es la seguida por los godos que en el s. II d.C. estaban junto al mar Negro; su presión sobre otros pueblos germánicos provocó las primeras invasiones al Imperio de Occidente en el s. III.

SIGLO V

Desde el año 332, los ostrogodos y los visigodos adquirieron la calidad de federados del imperio. A partir de la llegada de los hunos (375), los visigodos se desplazaron hacia el Oeste y hacia el Sur, atravesaron el río Danubio y penetraron en el imperio romano en el 376 (Martín, 1976). Ocuparon la península griega (395), Roma (410), y al mando de ATAÚLFO cruzaron los Alpes (412) y se establecieron en el Sur de la Galia y en Barcelona.

Ataúlfo, que se había casado con Gala Placidia, hermana del emperador Honorio, soñó fusionar el pueblo godo con el romano y, con él, el pueblo visigodo dejó de ser un pueblo errante y adquirió el sentimiento de nación. Estableció su capital en Barcelona (415).

BARCELONA

Los primeros pobladores destacados de Barcelona fueron los layetanos, un pueblo ibero. Para muchos su inicio es muy anterior a las conquistas cartaginesa y romana; Amílcar Barca, padre de Aníbal, habría tomado la población y la habría refundado hacia el año 230 a.C., su apellido estaría en el origen de su nombre. Para otros, más prudentes, es preferible remontarse a la conquista romana (218 a.C.) en que se estableció una fortaleza en Montjuïc. Octavio Augusto (27 a.C.-14 d.C.), hacia finales del s. I, la refundó, quizás entre el 15 y el 10 a.C. ya se fue formalizando el nombre de Barcino. Fue la capital de los visigodos con Ataúlfo (415). En el año 801 fue arrebatada a los musulmanes por Ludovico Pío.

La penetración visigoda en Hispania, en el 415, tuvo un carácter muy distinto al de los pueblos mencionados antes porque ya estaban parcialmente romanizados, y lo que pretendían, más que saquear, era conseguir el beneplácito de Roma para establecerse y ocupar la Península como aliados del imperio.

VALIA, sucesor de Ataúlfo, se adentró en Hispania y reconquistó gran parte del país a los alanos (que aniquiló en 418), suevos y vándalos.

TEODORICO I (418-451), rey de los visigodos de España, luchó contra los vándalos y contribuyó a que se marcharan a África (429). Murió en los Campos Cataláunicos (*Campus Mauriacus*), donde juntos los romanos, los francos y los visigodos vencieron a los hunos de Atila (451).

EURICO (466-484), monarca de gran talento legislador, guerrero y político, echó las bases de la grandeza del pueblo visigodo. Se apoderó de toda Hispania, menos *Gallaecia* y parte de Lusitania.

Al caer definitivamente el Imperio de Occidente (año 476), los reyes visigodos se consideraron totalmente independientes, pero de Roma fueron adoptando la lengua y los sistemas jurídico e institucional.

SIGLO VI

ATANAGILDO (554-567) suavizó en parte el problema religioso (entre católicos y arrianos) y estableció la capital del reino en Toledo; su gran error fue llamar a los bizantinos, que después de asegurarle el trono se quedaron con una extensa zona entre los ríos Júcar y Guadalquivir.

TOLEDO

Fue elegida capital del reino visigodo después de algunas vacilaciones (Barcelona, Sevilla) por el rey Atanagildo (554-567); desde entonces fue siempre una ciudad importante política y culturalmente. Alfonso VI de Castilla y León se la arrebató a los musulmanes en el año 1085.

LEOVIGILDO (568-586), después de implantar una disciplina férrea en el país, dirigió con éxito una expedición guerrera contra el País Vasco, ocupó una gran parte y fundó la ciudad de Vitoria. Su hijo, San HERMENEGILDO, convertido al catolicismo por su esposa y por San LEANDRO, obispo de Sevilla, se puso al frente del partido católico de la Bética, con lo que estalló la guerra civil; Leovigildo la sofocó. Su gran empresa fue la sumisión del reino suevo (584-585).

RECAREDO (586-601) se convirtió al catolicismo en el III Concilio de Toledo (589). Este acto fue trascendental porque dio un gran impulso al elemento hispanorromano, más numeroso y culto que el visigodo; la romanización de los invasores se aceleró.

SIGLO VII

SUINTILA (621-631) logró la total unificación de la Península Ibérica mediante la expulsión de los bizantinos (624).

Por segunda vez en la historia, Hispania volvía a ser una única nación.

A la muerte del VITIZA (710), el reino quedó dividido entre los partidarios del hijo del rey (AKHILA o AQUILA) y los de RODRIGO (duque de la Bética); la amenaza musulmana del norte de África se hizo efectiva al convocar Aquila a los árabes para luchar contra Rodrigo, que fue derrotado y muerto (711).

Con la época visigoda se había anunciado el advenimiento de una nación, pero el proceso quedó destruido con la invasión musulmana (711), que impuso una civilización totalmente distinta. Hasta cierto punto, este suceso se podría equiparar, por ejemplo, con el México azteca cuando llegaron los españoles.

SIGLO VIII

CULTURA VISIGODA

Según P. Voltes (1992), los visigodos y suevos que se instalaron en Hispania representaron algo así como un 6% de la población, unos 300.000 individuos se sumaron a una masa de unos cinco (?) millones de habitantes.

Cuando los visigodos entraron en Hispania, habían estado ya bastante tiempo en contacto con Roma para que el choque entre las dos culturas no fuese demasiado violento. Los visigodos, en general, reconocían la enorme superioridad cultural del imperio y, por esta razón, se dejaron influir por la población hispanorromana.

A lo largo de los ss. VI y VII fue bien visible la progresiva fusión de las sociedades goda e hispanorromana. La civilización visigoda fue mucho más una síntesis cultural, de ninguna manera una ruptura definitiva.

San ISIDORO, nacido en Sevilla (h. 570), fue la figura más representativa de la cultura visigoda. Entre las muchas obras de este obispo (de su ciudad natal, h. 600-h. 636), figuran a la cabeza los 20 libros *De los orígenes* o *de las etimologías*, enciclopedia en la que sistematizó el saber de la antigüedad. Las Etimologías ejercieron gran influencia en su tiempo y posteriormente: en el desarrollo intelectual de los monasterios de Inglaterra e Irlanda y en el renacimiento cultural carolingio (Francia). Fue uno de los españoles que más influyeron en el mundo.

Otros nombres de obispos, como San LEANDRO, de Sevilla, San BRAULIO, de Zaragoza, San EUGENIO, San ILDEFONSO y San JULIÁN, de Toledo, muestran el prestigio de la Iglesia hispánica en aquella época.

SEVILLA

Fundada por tribus ibéricas (turdetanos) y colonizada por fenicios, griegos (?) y cartagineses. Durante la dominación romana (a partir del 205 a.C.), *Hispalis* fue la ciudad más importante y opulenta de la Bética, y su capital. En el s. IV era la ciudad más populosa de la Península. Los visigodos la tuvieron también como capital durante un tiempo. Los musulmanes la llamaban *Isbiliyya*, de donde surgió el actual nombre de Sevilla. Fernando III el Santo de Castilla y León la reconquistó en el año 1248. Gracias a su puerto, conoció una época de apogeo desde la creación de la Casa de Contratación de las Indias (1503), ya que fue punto de partida y de llegada de las expediciones al Nuevo Mundo.

ARQUITECTURA VISIGODA

La arquitectura visigoda conoció un periodo de esplendor durante los ss. V al VII en la Bética, en el que se formó un estilo de tipo hispanorromano, matizado con elementos bizantinos y norteafricanos, que en el s VI se extendió hasta Toledo, y desde allí se difundió por todo el país; destacan la iglesia de San Pedro de Alcántara (Málaga) y la casa Herrera (Mérida).

En el s. VII, la arquitectura visigoda alcanzó su completo desarrollo, con el uso de la sillería, del arco de herradura, de la bóveda de cañón.

Lo más característico es el empleo del arco de herradura; aunque la forma ultrasemicircular tenía sus precedentes en las lápidas funerarias y en plantas de monumentos hispanorromanos, es necesario también recordar que es un tipo de arco usado en Siria y Asia Menor en los ss. III al VII, y que no falta en esta época en Occidente: Roma, Rávena, Francia y norte de África (Igual Úbeda, 1956).

Las únicas iglesias visigodas que se conservan pertenecen a la segunda mitad del s. VII y se hallan en el norte de la Península, regiones que sufrieron con menos intensidad la dominación musulmana y que fueron reconquistadas relativamente pronto.

De los ocho templos más o menos conservados, tres fueron basilicales: San Juan de Baños (Palencia), fundada por RECESVINTO (s. VII), San Pedro de Balsemao (Braga, Portugal) y Quintanilla de las Viñas (Burgos); cuatro iglesias cruciformes: San Fructuoso de Montelios (Portugal), Santa Comba de Bande (Orense), San Pedro de la Nave (Zamora) y San Pedro de la Mata (Toledo), y no clasificable en estos dos grupos, la cripta de la catedral de Palencia.

INVASIÓN MUSULMANA (SS. VIII-XV)

SIGLO VIII

TARIK después de desembarcar en Gibraltar en el año 711, ocupó Algeciras, venció a Rodrigo en la batalla del Guadalete, siguió la vía romana de Cádiz a Córdoba y, en Écija, volvió a derrotar a los visigodos. Desde Écija mandó destacamentos a Córdoba, Málaga y Granada y continuó rápidamente hacia Toledo, capital del reino visigodo. Después prosiguió hacia el Norte, cruzó el Duero... En el verano del 712 se reunió con MUZA y se reemprendió la conquista de la península.

De forma oficial, la toma de Hispania se consideró terminada en los años 716-718 (toma de Pamplona), aunque la ocupación real del territorio todavía tardaría en realizarse de forma más completa. La conquista de la Península por parte de los musulmanes se destaca por su audacia, por su facilidad y por su rapidez. Pero también los núcleos de reconquista se formaron casi inmediatamente: en el año 718 en Asturias.

En un primer momento, al-Ándalus se organizó como un gobierno dependiente de los califas de Damasco. La monarquía independiente se inició con ABDERRAMÁN I (756-788) en el año 756. Durante su reinado se inició la construcción de la mezquita de Córdoba (786).

HISAM I (788-796) fue un gran protector de las artes y de las ciencias.

SIGLO IX

ABDERRAMÁN II (822-852) luchó contra los normandos que saquearon Sevilla y sofocó sublevaciones de los cristianos (mozárabes).

En tiempos de MOHAMED I (852-886), debido a su fanatismo, se dieron importantes rebeliones de cristianos, que en gran número permanecían todavía en los territorios ocupados por los musulmanes: los Banu Qasi, de Aragón, Banu Merúan, de Mérida, y el famoso reino de Omar ben Hafsún (hispano y musulmán) en Ronda. Omar, descendiente del conde visigodo Alfonso, tuvo su centro de residencia en Bobastro (Málaga) y constituyó un gran peligro para el emirato hasta su muerte (918); sus hijos continuaron la resistencia durante diez años más (928) en tiempos de Abderramán III.

SIGLO X

ABDERRAMÁN III (912-961), sometidos los focos rebeldes (928), tomó el título de califa (929, califato de Córdoba: 929-1031). Obtuvo victorias señaladas, como la de Valdejunquera (valle de Junquera, Navarra), contra Sancho Garcés I de Navarra y Ordoño II de León (920), y serias derrotas, como las de Simancas (Valladolid) y Alhandega (Soria), en las que fue vencido por Ramiro II de León (939). Con él, Córdoba llegó a ser una de las ciudades más bellas y famosas del mundo occidental.

AL-HAKAM II (961-976), protector de las letras y las ciencias, dispuso de una biblioteca riquísima.

ALMANZOR fue el gran jefe militar de al-Ándalus entre los años 976 y 1002. De sus innumerables hechos guerreros se destacan las tomas de Zamora (981), Barcelona (985), Coimbra (987), Sahagún (León, 988), Santiago de Compostela (997), Pamplona (999), su victoria de Cervera (Lérida, 1000) y el saqueo del monasterio de San Millán de la Cogolla (La Rioja, 1002).

SIGLO XI

HISAM III (1027-1031) fue destronado y asistió al fraccionamiento del poder musulmán en una serie de estados llamados de taifas (Sevilla, Zaragoza, Valencia, Málaga, Granada, Denia, Badajoz, Almería).

SIGLOS XII-XV

El reino de Sevilla existió hasta que los ALMORÁVIDES (1086-1146) –pueblo sahariano, fanático, que se había apoderado del norte de África– se adueñaron y unificaron los territorios musulmanes de la Península (1091). La taifa de Zaragoza resistió hasta el año 1110, y poco después cayó en poder de Alfonso I de Aragón (1118). Los musulmanes perdieron definitivamente Sevilla ante los cristianos en el año 1248 en que fue conquistada por Fernando III el Santo de Castilla y León (1217-1253).

ZARAGOZA

Si bien hubo establecimientos ibéricos (sedetanos) anteriores, fue Octavio Augusto el fundador de *Caesaraugusta* (24-23 a.C.). En 1031 se convirtió en capital de un reino de taifas y Alfonso I el Batallador la incorporó al reino de Aragón (1118).

Otro pueblo fanatizado, del Atlas, el ALMOHADE (1147-1269), invadió la Península y reunificó las segundas taifas. La última invasión musulmana la protagonizaron los BENIMERINES, en tiempos de MOHAMED II de Granada (1272-1303), era un pueblo nómada del interior de Marruecos; se apoderaron del poder en el norte de África en 1269 y ocuparon diversas plazas del sur de España. Fueron definitivamente vencidos por Alfonso XI (1312-1350), que encabezaba a los ejércitos castellano y portugués, a orillas del río Salado (Cádiz) en 1340; poco después, el rey castellano tomó Algeciras (1344). La batalla del Salado inutilizó el reino de Granada como potencia temible.

La taifa de Murcia (1128-1241) llegó a tener mucho poder; contra este reino regido por IBN HUD, se sublevó MOHAMED I ibn Nasr Alhamar, el Rojo (1231-1272), que fundó su reino en Jaén en 1231. En 1237, muerto el rey de Murcia, Mohamed I trasladó su corte a Granada y allí estableció la dinastía nazarí; poco después sometió Almería y Málaga (1238), por lo que su franja litoral llegaba hasta Gibraltar. Sin embargo, no debe olvidarse que el primer reino de Granada existió entre 1013, fundado por los bereberes ziríes, y 1090 en que cayó en manos de los almorávides.

El reino granadino resistió hasta el año 1492 en que los Reyes Católicos terminaron su reconquista, tomándole la capital a MOHAMED XI, Boabdil el Chico. Granada fue el último baluarte del Islam en España.

CULTURA MUSULMANA

Los musulmanes no "crearon", como se ha creído muchas veces, los riegos y la prosperidad agrícola, sino que completaron, mejoraron y embellecieron la obra de los romanos, introduciendo frutos nuevos y prácticas hortícolas hasta entonces desconocidas, que importaron de África y de Persia. Igualmente, si la vida urbana había brillado durante el periodo romano, también triunfó en la España musulmana (Vilar, 1974).

Los califas, protectores decididos de la literatura, del pensamiento y de la ciencia, llegaron a poseer una biblioteca de más de 400.000 volúmenes en Córdoba (Igual Úbeda, 1956).

Toda esa cultura, a través de las escuelas de traductores de Toledo (s. XII) y de los colaboradores de Alfonso X el Sabio (s. XIII), pasó a Europa: las obras más notables de los filósofos y científicos musulmanes, de los hebreos y muchos de la antigüedad griega (Aristóteles, Euclides, Ptolomeo, Hipócrates, Galeno, etc.).También se tradujeron obras de historiadores y libros de literatura oriental.

Hubo cristianos que sabían árabe y musulmanes que sabían latín; en Sevilla y Toledo se fundaron los más brillantes centros de estudios "bilingües" –entre el árabe, el hebreo y el castellano– de la Edad Media. España fue un crisol desde el cual fueron filtrándose las ideas hacia la Europa cristiana, hacia la filosofía escolástica, hacia el arte románico, hacia las escuelas de medicina, hacia la poesía lírica de los trovadores y la poesía mística de Dante (Vilar, 1974).

ARQUITECTURA MUSULMANA

CÓRDOBA

Se ha calculado que la capital de al-Ándalus, Córdoba, tenía unos 250.000 habitantes en el s. X y, quizás, 450.000 en el año 1000.

El alcázar fue la residencia de los emires y califas. La mezquita se construyó en sucesivas fases y etapas, sobre un templo visigodo del s. V, a partir del año 786, e intervinieron: ABDERRAMÁN I (756-788), HISAM I (788-796), ABDERRAMÁN II (822-852), ABDERRAMÁN III (912-961), AL-HAKAM II (961-976), ALMANZOR (976-1002) y HISAM II (976-1008). Es una construcción magnífica, singular y bellísima, donde al sobrio y elegante estilo musulmán se añaden reminiscencias clásicas, visigodas, sirio-bizantinas y mesopotámicas.

El palacio de Medina Azahara fue edificado por Abderramán III entre los años 940 y 970, aproximadamente. Esta bella construcción es muy superior, como palacio, al de Zaragoza (Aljafería, s. XI) por ejemplo.

SEVILLA

El alcázar, la Giralda y la Torre del Oro (1220) fueron obra de los ALMOHADES (1147-1269). De la mezquita, correspondiente a los últimos años del s. XII, únicamente queda la torre o alminar conocido con el nombre de la Giralda (1172).

GRANADA

El primer monarca nazarí, MOHAMED I (1231-1272), comenzó las obras en lo que sería el maravilloso palacio de la Alhambra; a YUSUF I (1333-1353) y a MOHAMED V (1353-1391) se les debe la mayoría de las construcciones. El Generalife, el palacio de verano, data de mediados del s. XIV.

EL REINO DE NAVARRA

Estrabón y Plinio situaban a los várdulos en el norte de la Península, entre los cántabros y los vascones: en la actual Guipúzcoa con partes de Álava y Navarra; Ptolomeo también los situaba allí. Por esta razón, la primitiva Castilla también se conocía por el nombre de Vardulia o Bardulia (Riu, 1975).

Según estas fuentes, pues, los várdulos ocupaban la provincia de Guipúzcoa –entre los valles del Urumea (que desemboca en San Sebastián) al Este y el río Deva (que llega al mar entre Cantabria y Asturias) al Oeste–, la parte oriental de la Llanada alavesa, el Condado de Treviño como zona más meridional y parte del territorio colindante de la provincia de Navarra (Santos Yanguas, 1999)

Al este de los várdulos se encontraban los vascones de los textos greco-latinos, ocupando zonas de montaña y otras más llanas al sur de Pamplona hasta Alfaro (La Rioja): desde San Sebastián a Irún hacia Navarra y parte de Huesca. Por una serie de datos, no muy abundantes, Gorrochategui suponía que el vasco era la lengua de várdulos y vascones (Santos Yanguas, 1999).

Por otra parte, el ducado de Vasconia comprendía, a grandes rasgos, las tierras a ambos lados de los Pirineos, entre los ríos Ebro y Garona, y dio lugar al reino de Navarra por obra de los vascones de las proximidades de Pamplona y de los gascones del otro lado de la cordillera, ambos de lengua vasca, aunque los segundos estaban más cristianizados.

SIGLO IX

Los vascones estaban encabezados por la familia Íñiga y se considera que ÍÑIGO ARISTA fue el primer rey de Pamplona (820-852?). La independencia del poder musulmán de lo que sería el reino de Navarra dataría del año 799; sin embargo, las intentonas independentistas fueron numerosas desde mediados del s. VIII (Riu, 1975). La familia Íñiga se impuso en Pamplona con el apoyo de los Banu Qasi del valle medio del Ebro (820). Ahora bien, en el año 905 se estableció la dinastía Ximena o Jimena (de origen gascón) con SANCHO GARCÉS I (905-926) (García de Cortázar, 1977).

Resulta interesante resaltar que así como algunas partes del País Vasco aparecieron enlazadas con Castilla, Navarra estuvo más relacionada con Francia.

SIGLO X

Impuesta sobre el país, la dinastía Jimena amplió el reino y en el año 922 estaba ya instalada en la Ribera navarra y de la propia Rioja (Nájera, Viguera), también en el Sobrarbe (Huesca). La labor de repoblación la encabezaron los monasterios de San Martín de

Albelda y San Millán de la Cogolla (La Rioja).

SIGLO XI

El reino de Navarra alcanzó su apogeo con SANCHO III el Mayor (1000-1035). Muerto Almanzor (1002), agregó a sus dominios los condados de Sobrarbe y Ribagorza (Huesca); al morir en 1028 el conde de Castilla, García Sánchez, con cuya hermana se había casado, el condado castellano pasó a sus manos. Además, arrebató al rey de León, Bermudo III, una extensa zona comprendida entre los ríos Pisuerga y Cea, es decir, amplios territorios de Valladolid y Palencia.

Así, el reino de Sancho III llegaba casi hasta Santander por el Norte, incluía buena parte de las provincias de Burgos, Valladolid y Palencia, La Rioja, y la Gazcuña en Francia.

Impulsó la reforma de los monasterios, protegió a los cluniacenses y fomentó las peregrinaciones a Santiago de Compostela creando una nueva ruta: Roncesvalles, Pamplona, Estella, Logroño, Nájera, Santo Domingo de la Calzada, Burgos, Carrión, Sahagún, León, Astorga, El Cebrero o Cebreiro y Santiago.

La palabra cluniacense requiere unas explicaciones: la orden religiosa de Cluny (Borgoña, Francia), fundada en 910, constituyó la primera reforma de la orden benedictina (del s. VI). El poder y la Iglesia necesitaban cuadros que organizaran y uniformaran el país, los monjes cluniacenses se encargaron de ello montando una red de "casas de cultura". Sancho III, Alfonso VI de Castilla (1072-1109) y sus respectivos sucesores cubrieron de favores y privilegios a los monasterios, como los de San Juan de la Peña (cerca de Jaca, Huesca), Leire e Irache en Navarra, San Millán de la Cogolla en La Rioja, etc. (Voltes, 1992).

A su muerte, Sancho III distribuyó sus dominios del siguiente modo: GARCÍA recibió Navarra, más otras tierras de lengua vasca, más Cantabria hasta el río Miera y parte de la provincia de Burgos; FERNANADO (I) se quedó con el resto de Castilla, pero con el título de rey; a GONZALO, Sobrarbe y Ribagorza, y al bastardo RAMIRO (I), el territorio de Aragón.

SIGLOS XII-XVI

A la dinastía Jimena le sucedió la Casa de Aragón, después se restauró la Casa de Navarra con GARCÍA V (1134?-1150), hijo de la hija del Cid; siguió la Casa de Champagne, los reyes de Navarra y Francia (1274-1328), la Casa de Evreux y la de Foix. El reino de Navarra, que a principios del s. XI llegó a alcanzar la hegemonía de la España cristiana, bajo Sancho III el Mayor, vivió menos brillantemente durante el resto de la Edad Media.

Fernando el Católico (1474-1516) tomó Navarra en 1512, desposeyendo a CATALINA I (1483-1512); hubo rebeliones y alzamientos pero, en 1524, Navarra quedó consolidada en el reino de España.

EL REINO DE CATALUNYA

Salvo las altas regiones occidentales (Cerdanya, Urgell y Pallars), todo el resto del territorio catalán fue dominado por los musulmanes.

SIGLO VIII y IX

Durante el reinado de Carlomagno de Francia (742-814) se inició la política de expansión de los francos por los territorios hispánicos. Después del fracaso de Roncesvalles (778), Carlomagno encargó a los condes de la frontera la conquista de Girona (785); poco a poco se recobraron nuevos territorios (Vic, parte de Urgell, etc.).

Ludovico Pío –rey de Aquitania y más tarde sucesor de Carlomagno– se apoderó de la ciudad de Barcelona en el año 801. En los comienzos del s. IX ya existían, en la Marca Hispánica, varios condados dependientes del reino franco: Cerdanya, Pallars, Urgell, Ampurias, Besalú, Barcelona, Girona y Osona (Vic).

WIFREDO EL VELLOSO (870-897) fue ya un conde independiente, reconquistó varios territorios y llegó hasta el río Llobregat.

SIGLO X

Los sucesores de Wifredo coincidieron con los poderosos califas de Córdoba y con Almanzor, que conquistó Barcelona en el año 985.

SIGLO XI

El conde RAMÓN BORRELL III (992-1018) se aprovechó de la anarquía del califato y saqueó Córdoba.

RAMÓN BERENGUER I el Viejo (1035-1076) amplió sus dominios hacia el Sur hasta no lejos de Tarragona, y por el interior hasta la región del río Segre.

SIGLO XII

RAMÓN BERENGUER III el Grande (1096-1131) conquistó Balaguer (Lleida), se apoderó de Mallorca con la ayuda de las naves de Pisa (Italia), y luchó ventajosamente contra los reyezuelos de Tortosa y Valencia. Al morir repartió sus territorios entre sus hijos, el condado de Barcelona a Ramón Berenguer IV, y el de Provenza a Berenguer Ramón.

RAMÓN BERENGUER IV (1131-1162) se casó con Petronila I de Aragón en 1137; con ello se unieron Catalunya y Aragón.

Ramón Berenguer, conde de Barcelona y príncipe de Aragón, se apoderó de Tortosa (Tarragona, 1148), de Lleida y Fraga (Huesca, 1149); en 1154 se hizo con el castillo de Ciurana (Tarragona), sobre el Ebro, y con Mequinenza (Zaragoza). Con Castilla concertó el Tratado de Tudilén (1151), por el que Alfonso VII, a cambio de un reconocimiento de vasallaje, le cedió la conquista de los reinos de Valencia, Denia y Murcia.

Cuando murió en 1162, Petronila I se quedó con el reino de Aragón, Alfonso con el condado de Catalunya, y PEDRO con el de Cerdanya, Carcasona y Narbona. Sin embargo, en 1163, Petronila donó el reino de Aragón a ALFONSO II (1163-1196), y al año siguiente abdicó en él.

EL REINO DE ARAGÓN

SIGLOS IX-X

Pequeños territorios del Pirineo central fueron el origen de Aragón; al principio, el condado de Aragón tuvo Jaca por capital en el s. IX.

SIGLO XI

El reino de Aragón debió su fundación a Sancho III el Mayor de Navarra (1000-1035), que se lo cedió a su hijo bastardo RAMIRO I (1035-1063). Le sucedió SANCHO RAMIREZ (1063-1094) que amplió el reino; su hijo PEDRO I (1094-1104) continuó esta tarea.

SIGLO XII

ALFONSO I el Batallador (1104-1134) ganó la línea del Ebro y conquistó Zaragoza en 1118; además tomó Tudela (Navarra), Borja, Daroca, Tarazona, Calatayud y Ariza en la provincia de Zaragoza, Monreal (Teruel), Medinaceli (Soria).

En su deseo de liberar a los mozárabes (cristianos), emprendió su "campaña de Andalucía": Zaragoza, Monreal, Teruel, Valencia, Murcia, Lorca, Baza, Vélez-Málaga, Málaga, Lucena y Córdoba, y regresó por Cuenca y Albarracín hasta Monreal, acompañado de un gran número de mozárabes.

Le sucedió RAMIRO II el Monje (1134-1137) que prometió a su hija PETRONILA I (1137-1162) al conde Ramón Berenguer IV de Cataluña; de esta modo quedaron unidos Aragón y Cataluña (1137).

ALFONSO II de Aragón y Cataluña (1163-1196), hijo de Petronila I y de Ramón Berenguer IV, heredó además la Provenza y el Rosellón; aseguró la plaza de Teruel y le dio fuero. Firmó el Tratado de Cazola o Cazorla (1179) con Alfonso VIII de Castilla, a quien ayudó en la toma de Cuenca, que ratificó el de Tudilén (1151), pero Murcia quedaba dentro del área de influencia castellana.

PEDRO II (1196-1213) ayudó lealmente al rey castellano Alfonso VIII en la derrota de los almohades en las Navas de Tolosa (Jaén, 1212). En Francia se tropezó con los problemas de la herejía albigense; en 1213 murió luchando contra Simón de Monfort en la batalla de Muret, a orillas del Garona. La hegemonía aragonesa en el sur de Francia sufrió un importante contratiempo.

SIGLO XIII

JAIME I el Conquistador (1213-1276) tenía seis años cuando murió su padre, su reinado fue muy largo. En 1232 tomó Mallorca y Castellón, y sometió la isla de Menorca a vasallaje; en 1235 le tocó el turno a Ibiza.

Una escuadra de Túnez, enviada para socorrer Valencia, fue derrotada por los navíos aragoneses frente a Peñíscola, y en 1238 se rindió la capital valenciana; en otras campañas conquistó Játiva y otras plazas (1245).

VALENCIA

Según el historiador romano Tito Livio (64 o 59 a.C.- 17 d.C.), *Valentia* fue fundada por Junio Bruto hacia el año 138 a.C. En el s. I ya ejercía, con *Saguntum*, un papel predominante en la zona levantina. Jaime I el Conquistador, rey de Aragón, la tomó para los cristianos en 1238.

En el Tratado de Almizra (1244) se ratificó el de Cazola (1179).

Fernando III de Castilla había tomado Murcia en 1243, pero ésta se sublevó contra su hijo Alfonso X; Jaime I le ayudó leal y eficazmente en su ocupación, labor que pudo considerarse terminada en 1266.

Por el Tratado de Corbeil, concertado con San Luis (IX), rey de Francia, Jaime I renunció a sus derechos sobre el mediodía francés (1258).

A su muerte (1276), sus estados quedaron del siguiente modo: PEDRO III, rey de Aragón, Cataluña y Valencia, y el infante JAIME (I) con el título de rey de Mallorca, heredero de las Baleares y de los dominios del sur de Francia (Rosellón, Cerdaña y

SIGLO XIII

Montpellier).

Los monarcas de la confederación aragonesa (Aragón, Cataluña, Valencia y Baleares), a partir de PEDRO III el Grande, orientaron sus intereses hacia el Mediterráneo ya que se había acordado que Murcia pertenecía a Castilla.

PEDRO III el Grande (1276-1285) se apoderó de Sicilia en 1282. El almirante Roger de Lauria (Llúria en catalán), natural de Italia, derrotó a la escuadra francesa e hizo prisionero a un hijo de Carlos de Anjou; Francia invadió Cataluña, Pedro III detuvo la invasión, pero no pudo evitar el sitio de Gerona; la flota de Lauria venció a la francesa y una peste se declaró en el ejército sitiador, allí murió el rey de Francia (Felipe III); estos sucesos decidieron la retirada de los franceses.

ALFONSO III (1285-1291) conquistó Menorca.

SIGLO XIV

JAIME II (1291-1327), hermano del anterior, emprendió la conquista de Cerdeña (1323-1324).

Otro hermano, FEDERICO, quedó como rey de Sicilia. Uno de sus jefes militares, Roger de Flor, un joven siciliano de origen alemán, fue el encargado de ir en ayuda del imperio bizantino gravemente amenazado por los turcos; la Gran Compañía, que estaba integrada en su mayor parte por catalanes –los almogávares–, llegó a Constantinopla en 1302. Al ser asesinado Roger de Flor en un banquete, junto con muchos de sus compañeros, este degüello de Adrianópolis fue la señal para la terrible venganza catalana. A continuación, los catalanes se instalaron en los ducados de Atenas y Neopatria como vasallos de la Casa de Sicilia; posteriormente, estos territorios pasaron a poder de PEDRO IV el Ceremonioso. La expedición de los catalanes y aragoneses a Oriente se relató en la crónica de Ramón Muntaner, uno de los protagonistas de la aventura.

Gracias a la estratégica ruta de las islas (Baleares, Cerdeña, Sicilia), la confederación aragonesa consiguió gran éxito comercial en todo el Mediterráneo.

A Jaime II le sucedió su hijo ALFONSO IV el Benigno (1327-1336) y a éste, PEDRO IV el Ceremonioso (1336-1383) que despojó a su cuñado JAIME III de sus dominios de Mallorca y Rosellón, y luchó contra la nobleza de Aragón y Valencia. Le siguieron sus hijos JUAN I (1387-1395) y MARTÍN I el Humano (1395-1410).

SIGLO XV

COMPROMISO DE CASPE

Al morir Martín I de Aragón (1410) sin sucesión directa, una junta (nueve personas que representaban Aragón, Cataluña y Valencia), entre cuyos miembros estaba San Vicente Ferrer, se reunió en Caspe (Zaragoza); finalmente, seis miembros eligieron a Fernando de Antequera, infante de Castilla, hijo de Leonor, hermana del rey Martín; la coronación tuvo lugar en Zaragoza (1414). El compromiso de Caspe es un singular ejemplo de madurez política.

CASA DE TRATÁMARA, LA DINASTÍA CASTELLANA

FERNANDO I de Antequera, su reinado fue muy corto (1414-1416).

ALFONSO V el Magnánimo (1416-1458) se apoderó de Nápoles (1442) y logró el vasallaje del ducado de Milán.

JUAN II (1458-1479), durante su reinado tuvo lugar una sublevación en Cataluña que costó pacificar. A su muerte dejó todos sus reinos a su hijo FERNANDO (II de Aragón y V de Castilla), el Católico (1479-1516). Gracias al matrimonio de Fernando de Aragón e Isabel de Castilla (1469), los dos reinos quedaron unidos.

EL REINO DE ASTURIAS

La romanización no fue ni simultánea ni de igual intensidad en toda la Península Ibérica, los vascones no se incorporaron al proceso. Muy parecido puede decirse respecto de la dominación visigoda que pretendió restaurar la unidad romana (Voltes, 1992).

Las mismas tierras que se habían resistido a los romanos y a los visigodos y que sólo se cristianizaron hacia el s. VII, es decir las regiones cantábricas y vascas, nunca fueron totalmente conquistadas por los musulmanes; precisamente en ellas nació la "reconquista", de tal modo que los primeros repobladores de Castilla fueron cántabros y vascos (Voltes, 1992).

La resistencia primero y la reacción después contra los musulmanes se organizaron en núcleos políticos distintos e independientes, a menudo hostiles entre sí. Estas agrupaciones constituyeron sus propias zonas de conquista, repoblación y áreas de influencia, con historias muy diferentes (véanse, más arriba, las de Navarra, Cataluña y Aragón), de tal manera que si Galicia se vio casi libre de los musulmanes hacia el año 750, Granada no lo estuvo hasta 1492. Los moriscos, por lo demás, no fueron expulsados hasta 1609 (Voltes, 1992).

Sin embargo, la idea, el sentimiento y la vivencia de Hispania no se perdieron durante la Edad Media, a pesar de la diversidad de los reinos cristianos y de sus particularismos (Voltes, 1992).

Más adelante, el rey era considerado rey de todos los territorios, pero en cada uno debía actuar de un modo y no de otro, tenía unos poderes, pero no otros. Y el problema que quedó planteado se puede resumir en dos opciones, una consistente en fomentar la unidad como camino hacia un futuro mejor para todos (opción mantenida entre los ss. XV y XXI), y otra es volver a las "naciones" de la Edad Media (desde el s. VIII hasta el año 1512), que hoy parecen querer establecer distancias cada vez mayores entre ellas (Voltes, 1992). Este es el actual drama de España.

En esta línea, para bastantes autores, Isabel y Fernando, los Reyes Católicos, no llegaron a crear una verdadera unidad de sus respectivos reinos, sólo un "adosamiento" de los dos, una representación en común de los dos ante el mundo (Voltes, 1992).

Sin embargo, es con esta unidad incompleta que España consiguió su mayor esplendor histórico y cultural, y el máximo de influencia de toda su historia frente a las demás naciones europeas; durante él reinado de Felipe II (1556-1598), el embajador de España estaba entre las cinco figuras más importantes de Londres (Voltes, 1992). Algo bueno tenía, sin duda, esta peculiar "unidad" de España.

SIGLO VIII

PELAYO (m. 737), nombrado caudillo o rey, organizó el primer foco de resistencia frente a los musulmanes (718) en las montañas de Asturias. Posteriormente, en la batalla de Covadonga –cerca de Cangas de Onís, que sería la capital del reino– logró vencer a los musulmanes, probablemente en el año 722.

ALFONSO I el Católico (739-757), duque de Cantabria y yerno de Pelayo, aprovechó las guerras civiles entre árabes y berberiscos, la emigración de éstos hacia el Sur, y una gran hambre que tuvo lugar en el año 750, para ampliar los límites de su pequeño reino ocupando el norte de Galicia, la parte superior de la cuenca del río Pisuerga y tierras en la zona alta de Castilla la Vieja (Cantabria, Burgos), Álava y La Rioja.

Así, ya en la primera mitad del s. VIII se había constituido un sólido estado cristiano en las montañas de Cantabria, Asturias y Galicia (Vilar, 1974).

FRUELA I (757-768) fundó Oviedo (761).

SIGLO IX

ALFONSO II el Casto (791-842) instaló la capitalidad de su reino en Oviedo. De sus construcciones, todavía permanece en parte la Cámara Santa o capilla de San Miguel adosada a la actual catedral, también las iglesias de San Julián de Prados y Santa Cruz de Cangas.

Por aquellos años –812 a 814– se encontró el supuesto sepulcro de Santiago; Alfonso II y sus principales declararon patrón al santo y se procedió a edificar un templo. A los pocos años ya se daban las peregrinaciones y se estableció un "camino" de intercambio cultural y de circulación de ideas, por él entró la reforma cluniacense y el románico.

En las áreas gallega y alavesa se instalaron sedes episcopales que actuaron como focos de civilización de gallegos y vascos en un esfuerzo que Carlomagno de Francia, amigo de Alfonso II, también alentaba, En este ambiente nació el sentimiento *neogotista* que despertó la conciencia de una continuidad entre el estado hispanogodo y el reino astur, su legítimo restaurador y continuador, y la empresa de reconquistar el territorio peninsular del "reino de los godos".

Del tiempo de RAMIRO I (842-850) data la plenitud del arte asturiano: iglesias de Santa María de Naranco (que fue palacio antes que templo), San Miguel de Lillo y Santa Cristina de Lena (Asturias).

La batalla de Clavijo (La Rioja) es una legendaria hazaña de las tropas de Ramiro I contra los Banu Qasi de Aragón (en tiempos de Abderramán II) durante la cual se apareció el apóstol Santiago en apoyo de las tropas cristianas (844).

ORDOÑO I (850-866), aprovechando las sublevaciones de los mozárabes (cristianos) contra el emir Mohamed I de Córdoba, fortificó diversas ciudades situadas más allá de las fronteras naturales del reino de Asturias: León, Astorga (León), Tuy (Pontevedra), Amaya (Burgos, 860); las repobló con cristianos del Norte, especialmente gallegos, y con mozárabes huidos de al-Ándalus.

ALFONSO III el Magno (866-910) también sacó partido de la rebelión de Omar ben Hafsún, extendió el reino asturiano desde el Cantábrico hasta el Mondego (río que pasa por Coimbra, Portugal), el Duero, La Rioja y el País Vasco; se fundó Burgos (884) y se repoblaron núcleos urbanos como Simancas (Valladolid), Sahagún (León), Toro (Zamora), Zamora, Oporto, Braga y Coimbra (Portugal).

EL REINO DE LEÓN

SIGLO X

ORDOÑO II (914-924) trasladó la capitalidad del reino a la ciudad de León.

Durante el s. X, las luchas tenían lugar en la línea del Duero, especialmente en las zonas de valor estratégico por donde pasaban las cuatro grandes rutas que conducían a la meseta superior: San Esteban de Gormaz (Soria), Burgo de Osma (Soria), Simancas (Valladolid) y Zamora. En la primera, Ordoño obtuvo una victoria (917) sobre el califa de Córdoba, Abderramán III.

RAMIRO II (931-951), durante una campaña, tomó Madjrit (Madrid); en el año 933 venció a los musulmanes en Osma, y en el 939, el propio califa, Abderramán III, fue vencido en Simancas y en Alhandega (Soria).

MADRID

Las primeras noticias que se tienen de Madrid se remontan al emir Mohamed I (852-886), quien mandó construir una fortaleza a orillas del Manzanares. En castellano antiguo se la conocía como Magrit, Magerit o Matrit. En el año 932 fue ocupada temporalmente por Ramiro II. Su conquista definitiva data de 1083, por obra de Alfonso VI de León y Castilla. La villa fue elegida como sede de la corte por Felipe II en 1561, y esto la llevaría a ser la ciudad más poblada de la Península.

Los cristianos, a fines del s. X, ya dominaban una buena parte de la España del norte (Vilar, 1974), pero entonces la reconquista sufrió un retroceso a causa de las campañas guerreras de Almanzor, que se apoderó de León y Zamora (987-988) y, más tarde, de Santiago de Compostela en 997.

A finales del milenio, el reino de León había quedado reducido a los primitivos límites de la monarquía asturiana.

Son del s. X las iglesias de San Cebrián de Mazote (Valladolid), San Miguel de la Escalada y Santiago de Peñalba (León).

ALFONSO V el Noble (999-1028): la muerte de Almanzor (1002) proporcionó un grato respiro al reino de León, que se aprovechó para repoblar el territorio. La ciudad de León recibió su famoso fuero en 1020.

Con BERMUDO III (1028-1037) se extinguió la dinastía leonesa y sus dominios pasaron a manos de su cuñado, el rey Fernando I de Castilla (1035-1065) de la Casa de Navarra.

EL CONDADO DE CASTILLA

El antiguo ducado de Cantabria, en la época visigoda, estaba integrado aproximadamente por Cantabria, partes del País Vasco, regiones septentrionales de las provincias de Palencia y Burgos y algo de la de Navarra. Castilla, en sus orígenes, no era sino la frontera oriental del reino astur-leonés, una zona muy expuesta a los ataques cordobeses por el sur y por el valle del Ebro (Martín, 1976).

SIGLO VIII

El hecho de la aparición de Castilla fue el resultado de un proceso que se había iniciado a mediados del s. VIII, con la repoblación y cristianización de las actuales Encartaciones vizcaínas (Vizcaya, al oeste del río Nervión) y del valle de Mena (Burgos) (García de Cortázar, 1977).

Más adelante comenzó a fortalecerse y a ampliarse un territorio que englobaba los valles de Tobalina (Burgos), Valdegovia (Álava) y la llanada alavesa. Este pequeño territorio constituyó una frontera frente a los vascos paganos de Vizcaya y Guipúzcoa, y también frente a las penetraciones musulmanas y al avance pamplonés de los Arista (García de Cortázar, 1977).

SIGLO IX

Con Alfonso II el Casto de Asturias (791-842) se repoblaron tierras, especialmente en la orilla izquierda del río Ebro desde su nacimiento hasta las gargantas que se conocen con el nombre de Conchas de Haro, a la entrada de La Rioja. A partir del 800 empezó esta repoblación y se acompañó con la construcción de defensas, atalayas y castillos; éstos últimos dieron nombre a esta región que estuvo en las zonas ribereñas del alto Ebro y del alto Pisuerga. Gran parte de los repobladores eran vascos.

Los territorios castellanos eran regidos por condes dependientes de los reyes de Asturias, gozaban de autonomía y se defendían con sus propias fuerzas de las acometidas musulmanas.

SIGLO X

En el s. X se reunieron todos los condados en una sola persona, comprendiendo Castilla la actual provincia de Burgos y parte de Soria, La Rioja, Cantabria, Palencia y, también, partes del País Vasco. Durante este proceso y desde principios del s. X, las relaciones entre los reyes de León y los condes de Castilla se habían ido tensando cada vez más.

FERNÁN GONZÁLEZ (m. 970), conde de Lara –hijo de Gonzalo Fernández, conde de Burgos– reunió la mayor parte de los pequeños condados de la región y de Álava, y declaró hereditario aquel dominio en su familia (h. 951).

En aquel momento, el condado estaba encajado entre el reino de León (al Oeste) y el de Navarra (al Este), y sus límites se extendían, a grandes rasgos, desde el Cantábrico por el Norte hasta el río Duero por el Sur, y desde la comarca de La Rioja, por el Este, hasta una línea determinada por el río Pisuerga (que vierte en el Duero), por el Oeste. La repoblación se había hecho con vascos, montañeses y mozárabes principalmente.

SIGLO XI

SANCHO GARCÍA (995-1017), nieto de Fernán González, se dedicó, una vez desaparecido Almanzor (1002), a reconquistar y recuperar las fortalezas del Duero perdidas anteriormente.

Con la muerte de su hijo GARCÍA (1029), la línea masculina de Fernán González se extinguió, y Castilla pasó a Sancho III el Mayor de Navarra (1000-1035). Al morir este rey, dejó sus dominios de Castilla, con el título de rey, a su hijo FERNANDO (I), que también lo fue de León al morir Bermudo III (1037).

EL REINO DE CASTILLA

SIGLO XI

DINASTÍA NAVARRA

SANCHO III el Mayor de Navarra repartió sus reinos entre sus hijos: Gonzalo, Sobrarbe y Ribagorza; el hijo bastardo Ramiro (I), Aragón; García, Navarra más las otras tierras de lengua vasca, más Cantabria hasta el río Miera y parte de la provincia de Burgos, y finalmente, Fernando (I) obtuvo una Castilla empequeñecida, pero con el título de reino.

FERNANDO I (1035-1065) venció a su cuñado Bermudo III de León, con lo que se unieron Castilla y León (1037). Por la zona portuguesa rebasó la línea del Duero y llegó hasta la del Mondego, con la toma de Coimbra (1064).

Cedió a SANCHO el reino de Castilla, Alfonso (VI) recibió León, y a García le correspondió Galicia.

Con la dinastía navarra se debilitó la influencia cultural mozárabe y musulmana, que se había podido apreciar en el s. X, y fue sustituida por corrientes ultrapirenaicas, especialmente francesas, traídas por los monjes cluniacenses.

SANCHO II el Fuerte (1065-1072) venció a su hermano Alfonso de León en 1068 y 1071 y lo desterró a la corte del rey de Toledo, pero fue asesinado en 1072.

Tras el asesinato de Sancho II, ALFONSO VI (1072-1109) regresó de su destierro y tomó posesión de su reino; también fue reconocido rey de Galicia.

Al morir asesinado en Peñalén (Navarra) el rey Sancho IV de Navarra (1076), Alfonso VI recuperó todo lo que anteriormente había pertenecido a Castilla y, además, se apoderó de la región meridional del reino de Navarra, o sea La Rioja, hasta la línea del Ebro.

En 1085, tomó Toledo, Talavera (Toledo), Guadalajara y otros lugares.

La conquista de Toledo permitió la repoblación de la zona comprendida entre el Duero y la cordillera Central. Con ello, la cuenca del Duero dejó de ser una "extremadura", una tierra fronteriza, insegura y peligrosa, sino un territorio del interior, perfectamente protegido por los montes de Toledo, por la defensa natural del Tajo y por la imponente fortaleza de Toledo (Igual Úbeda, 1956).

Ante estos hechos, el rey Motamid de Sevilla llamó en su ayuda a Yusuf, caudillo de los almorávides y dueño de un gran poder en el norte de África. Yusuf acudió para hacer la guerra santa y venció al ejército de Alfonso VI en Sagrajas (Badajoz), en 1086.

EL CID

En aquella época adquirió gran importancia la figura de Rodrigo Díaz de Vivar, el antiguo alférez castellano de Sancho II, que había tomado al rey Alfonso VI el juramento de Santa Gadea –sobre su inocencia respecto al asesinato de su hermano–, ofensa que el monarca no disimuló, aunque intentó atraérselo casándolo con una sobrina suya, Jimena Díaz, hija del conde de Oviedo.

Desterrado en 1081, se puso al servicio de los Banu Hud de Zaragoza; ayudó a Mutamín (1081-1086) contra su hermano, el rey de Lérida y Tortosa, el cual buscó el apoyo del conde de Barcelona y de Sancho V Ramírez, rey de Aragón y Navarra, pero fueron derrotados. La intervención de Alfonso VI en el reino de Zaragoza fue causa de que el Cid se retirara para no tener que combatir contra su rey. La reconciliación vino después de la batalla de Sagrajas (1086-1089).

Desterrado de nuevo, el Cid combatió a los almorávides. La región levantina, todavía no sometida por los invasores y dividida en pequeños principados, fue el escenario de las hazañas del Cid, que unas veces luchaba por cuenta propia y otras por delegación de Alfonso VI. Ayudó a Alcádir de Valencia, vasallo del rey, y sometió al de Albarracín (Teruel).

Venció al conde Berenguer Ramón II de Barcelona, organizó la resistencia contra los almorávides y se hizo dueño de la región levantina, cuyos jefes musulmanes le pagaban tributo. Una sublevación en Valencia, animada por los almorávides, acabó con Alcádir, y Rodrigo aprovechó la ocasión para apoderarse de la ciudad de Valencia (1094). Se ofreció como vasallo del rey Alfonso y desafió a Yusuf.

Así pues, sólo Rodrigo Díaz de Vivar fue capaz de resistir ante la llegada de los almorávides, con la creación de este dominio alrededor de Valencia (Vilar, 1974).

El héroe castellano murió en Valencia en 1099.

Aunque su viuda resistió el ataque de los almorávides hasta que llegó Alfonso VI con sus tropas, la ciudad fue al fin abandonada y cayó en poder de los musulmanes africanos (1102).

SIGLO XII

En la batalla de Uclés (1108), contra los almorávides, perdió la vida el único hijo varón de Alfonso VI, y al morir el Rey (1109), dejó su reino castellano-leonés a su hija URRACA (I).

Durante el reinado de Alfonso VI, los monjes cluniacenses, sus protegidos, fueron fuente de influencias francesas y se sustituyó la letra visigótica por la francesa; además, se favorecieron las peregrinaciones a Santiago. El propio rey se había casado con mujeres francesas, lo mismo que sus hijas Urraca y Teresa (bastarda), que se unieron con Ramón y Enrique de Borgoña.

Alfonso VI había encomendado el condado de Portugal a su hija Teresa y a Enrique de Borgoña; al morir el Rey, se fue dando una situación de independencia y base de lo que sería la nación portuguesa.

URRACA I (1109-1126), casada con Ramón de Borgoña, tuvo a Alfonso (VII); muerto Ramón, volvió a casarse con Alfonso I el Batallador de Aragón.

DINASTÍA DE BORGOÑA

ALFONSO VII el Emperador (1126-1157) tuvo que luchar contra su padrastro Alfonso I de Aragón (1104-1134), y contra su primo Alfonso Henriques (1128-1185) –considerado fundador del reino de Portugal–, a quien sometió a vasallaje.

Al morir el rey de Aragón, Alfonso VII aprovechó la ocasión incorporando el resto de La Rioja a Castilla (1135); Ramiro II de Aragón (1134-1137) se declaró vasallo suyo, igual hicieron el rey de Navarra, García Ramírez V (1134-1150), y algunos señores franceses. Por lo cual pudo coronarse, en León, emperador de toda España (1135).

Alfonso VII recobró, para los cristianos, Coria (Cáceres) y otras poblaciones de los valles del Henares y del Tajuña; en sus incursiones por Córdoba y otros lugares de Andalucía y Extremadura, obtuvo abundante botín. Otro de sus muchos hechos fue la incorporación a su reino de los territorios de Álava y Guipúzcoa.

Con Ramón Berenguer IV concertó el Tratado de Tudilén (1151), por el cual le cedía la conquista de los reinos musulmanes de Valencia, Denia y Murcia a cambio de su vasallaje.

Al morir dividió sus reinos: Castilla para SANCHO III el Deseado (1157-1158), León y Galicia para Fernando II (1157-1188).

ALFONSO VIII (1158-1214) conquistó Cuenca, tras largo asedio, con la ayuda del rey de Aragón, Alfonso II (1162-1196), en 1177. En recompensa, el rey aragonés quedó libre del vasallaje. También fue el reconquistador de Plasencia (Cáceres) en 1189.

En 1179, por el Tratado de Cazola –rectificación del de Tudilén– se asignó a Aragón el reino de Valencia y a Castilla el de Murcia.

Ya durante el corto reinado de SANCHO III, los cristianos tuvieron que hacer frente a los almohades; éstos vencieron a Alfonso VIII en Alarcos, cerca de Ciudad Real, en 1195.

Para numerosos reyes cristianos, la reconquista se consideraba un deber, es con este espíritu que Alfonso VIII de Castilla logró que se unieran castellanos, navarros (Sancho VII el Fuerte) y aragoneses (Pedro II) para hacer frente a los almohades; el papa Inocencio III concedió a la expedición las indulgencias de Cruzada, y ello fue la causa de la llegada de numerosos caballeros ultrapirenaicos.

El día 6 de julio de 1212 se dio la batalla y la victoria de las Navas de Tolosa (Jaén). El botín fue enorme y la consecuencia inmediata fue la toma de Úbeda, Baeza y otros lugares al sur de Sierra Morena. El camino quedó abierto para las grandes conquistas de Fernando III el Santo. En Portugal, la reconquista alcanzó las provincias meridionales, y en Aragón, Jaime I el Conquistador se apoderó de Mallorca e Ibiza entre los años 1229 1235, y de Valencia en 1238.

En 1214 murió Alfonso VIII, fue enterrado en el monasterio de las Huelgas (Burgos), cuya fundación se le debe, como igualmente el Estudio General de Palencia, el embrión de la primera universidad española.

LOS REYES DE LEÓN (1157-1230)

Al morir Alfonso VII, en 1157, le correspondieron a su hijo FERNANDO II (1157-1188) los territorios de León, Asturias, Galicia y Extremadura; en la región extremeña, conquistó Yelbes y Alcántara. En su época se realizaron grandes obras en la catedral de Santiago, el pórtico de la Gloria.

ALFONSO IX (1188- 1230) de León conquistó Cáceres, Mérida y Badajoz y fue el fundador de la Universidad de Salamanca.

Durante la minoría de edad del único hijo varón de Alfonso VIII, ENRIQUE I (1214-1217), ejercieron la tutela su hermana Berenguela, esposa separada de Alfonso IX de León, y Álvaro Núñez de Lara. A la muerte de Enrique (1217), la Corona pasó a BERENGUELA I, que la cedió a su hijo Fernando III (1217).

Según P. Vilar (1974), la institución de las Cortes nació seguramente en León, antes de fines del s. XII y, en todo caso, funcionó normalmente desde mediados del s. XIII en todos los reinos de España: Castilla, Aragón, Valencia, Cataluña, Navarra. Las Cortes representaron al elemento popular, el ciudadano, ante la realeza y sus consejeros naturales, los nobles y el clero; ésta fue la "democracia" medieval española. Puede decirse que los momentos de mayor armonía conocida por España fueron los del s XIII.

El origen de las Cortes estuvo en los concilios de tradición visigoda (León, 1020); también se basaron en los consejos que cada

SIGLO XIII

monarca organizaba privadamente. Los ciudadanos asistieron a las Cortes de Aragón, por primera vez en las de Borja de 1134, según P. Voltes (1992).

FERNANDO III el Santo de Castilla (1217-1252) y de León (1230-1252). Después de un breve periodo de hostilidades con su padre, Alfonso IX de León, emprendió la guerra contra los musulmanes.

Dueño de la línea estratégica de Sierra Morena, pasó el puerto de Muradal, y siguiendo el curso del Guadalquivir, se apoderó de Andújar (1225) y de Córdoba (1236), devolviendo a Santiago de Compostela las campanas que Almanzor se había llevado para que sirviesen de lámparas en la mezquita de Córdoba.

Hizo vasallos suyos a los reyes de Murcia y Granada, conquistó Jaén (1246), y se apoderó de Carmona y Sevilla (1248). El asedio de esta última ciudad se hizo por tierra y por mar, valiéndose de una escuadra formada en el mar Cantábrico (la marina castellana). Anteriormente había sometido Murcia (1243).

A la conquista de Sevilla, ciudad en la que siempre residió el Rey, siguió la de Cádiz (1250).

Mandó construir las catedrales de Burgos y Toledo.

Al morir su padre, Alfonso IX, quedaron definitivamente unidas las coronas de Castilla y León (1230).

Con Aragón se estipuló el Tratado de Almizra (1244), que ratificaba el de Cazola (1179): la región valenciana para Aragón y Murcia para Castilla.

ALFONSO X el Sabio (1252-1284) se apoderó de Morón de la Frontera y Lebrija en la provincia de Sevilla, Jerez de la Frontera, Arcos de la Frontera, Rota, Sanlúcar de Barrameda, Vejer de la Frontera y Medina Sidonia en la de Cádiz, Tejada y Niebla en la de Huelva. Sofocó, con la ayuda noble y leal de su suegro Jaime I de Aragón, la sublevación de Murcia.

Quiso ser nombrado emperador de Alemania animado por algunos electores.

Con él arrancó realmente la Universidad de Salamanca porque le dio su constitución. Protegió las letras, las leyes y las ciencias; es posible que interviniera personalmente en la redacción de muchas obras que llevan su nombre, sobre temas de Historia, Ciencias, Literatura y Derecho, como las *Siete Partidas* y las *Cantigas de Santa María.*

Hacia 1270, los musulmanes sólo conservaban el reino de Granada, pero desde esta fecha hasta fines del s. XV, la reconquista se ralentizó mucho. Portugal volvió la vista hacia el Océano y Cataluña hacia el Mediterráneo (Vilar, 1974).

SANCHO IV el Bravo (1284-1295): conquistó Tarifa (1292) con las ayudas de Jaime II de Aragón y de Mohamed II de Granada.

En su tiempo tuvo lugar la gesta de Alonso Pérez de Guzmán –Guzmán el Bueno–, gobernador de Tarifa, que prefirió sufrir la muerte de su hijo, rehén de los musulmanes, antes que entregar la plaza.

SIGLO XIV

María de Molina, esposa de Sancho IV, regentó con pulso firme y ánimo decidido la minoría de edad de su hijo FERNANDO IV (1295-1312), en un ambiente hostil a causa de las turbulencias provocadas por los nobles (Igual Úbeda, 1956).

Durante el reinado de ALFONSO XI (1312-1350) y ante sus planes, Mohamed IV de Granada solicitó el auxilio de los benimerines, dinastía bereber que sustituyó a los almohades en el gobierno del norte de África (1269-1465); la guerra comenzó en 1330. Después de una paz, el rey granadino, con sus aliados, reanudó la lucha y se apoderó de Gibraltar (1333).

Los benimerines lograron el apoyo de algunos navegantes genoveses y el rey castellano contaba con las naves catalanas, pero en 1340 la escuadra cristiana sufrió una grave derrota. Alfonso XI, a toda prisa, reunió sus tropas, a las que se agregaron contingentes portugueses, mandados por su rey Alfonso IV, y algunos aragoneses. Estos ejércitos iniciaron una ofensiva contra granadinos y benimerines que sitiaban Tarifa. En esta ocasión, en 1340, los musulmanes sufrieron uno de los descalabros más serios de toda la Reconquista a orillas del río Salado (Cádiz).

Esta batalla representó el final de la era de las invasiones procedentes del norte de África.

En 1344, Alfonso XI entró en Algeciras y murió en 1350 durante el sitio de Gibraltar.

Si se hubiera continuado este espíritu de reconquista, ésta podría haberse concluido un siglo antes.

La labor de gobierno interior de Alfonso XI fue notable y muy importante: se ocupó de la justicia, de la economía, de la administración, del sistema tributario, de la seguridad pública, etc.

De esta época data la epidemia de peste en la Península (1348-1350); estuvo inserta en la que asoló Occidente. Las pestes volvieron a repetirse en 1363-1364, en 1380 y, posiblemente, en otros años del s. XIV en ámbitos locales (Voltes, 1992).

Durante el reinado de su hijo PEDRO I el Cruel (1350-1369) empezaron las guerras civiles contra su hermano bastardo Enrique de Trastámara; terminó en 1369 cuando Pedro fue asesinado y su hermano entronizado.

La Casa de Trastámara duró desde 1369 hasta 1469, fecha del matrimonio de Isabel y Fernando, los Reyes Católicos, seguido por cinco años más hasta la muerte de Enrique IV (1474) (Igual Úbeda, 1956).

SIGLO XIV

CASA DE TRASTÁMARA

ENRIQUE II (1369-1379), su reinado fue de pura guerra civil; en 1375 se firmaron las paces con Navarra, Aragón y Granada.

Su hijo, JUAN I (1379-1390), en su pretensión de apoderarse de Portugal, fue derrotado en Aljubarrota (Portugal), en 1385, por Juan I de Avís. Esta derrota consolidó la separación del reino portugués.

ENRIQUE III el Doliente (1390-1406), hijo del anterior, fue declarado mayor de edad en 1393, a los 14 años.

Reprimió a los nobles y consiguió poner paz en sus estados. Sus expediciones significaron la destrucción de Tetúan, nido de piratas y los comienzos de la conquista de las islas Canarias. Ésta se comenzó en 1402, bajo la dirección de los franceses Jean de Bethencourt y Gadifer de la Salle; esta empresa siempre protegida por la corte castellana concluyó con éxito en tiempos de los Reyes Católicos.

Enrique III consiguió tener ascendiente sobre Francia, que no tenía flota, apoyándola contra el rey de Inglaterra Enrique IV. También se le debe haber enviado embajadas a Asia, al imperio mongol, en la época de Tamerlán, que dominaba desde media Rusia hasta la India. Este interés por Asia se iba a mantener en Castilla (Voltes, 1992).

Enrique III fue uno de los soberanos más creativos y provechosos que tuvo Castilla o, incluso, España entera.

SIGLO XV

JUAN II (1406-1454), a la muerte de Enrique III, tenía dos años; Fernando –hijo de Juan I de Castilla y de Leonor, que lo era de Pedro IV de Aragón– se encargó de la regencia. Fernando se apoderó de Antequera en 1410; en 1412 abandonó Castilla dejando la regencia a Catalina, la madre del futuro monarca, cuando fue llamado para ocupar el trono de Aragón (Compromiso de Caspe).

Juan II fue un rey abúlico e irresponsable; sus restos, los de su esposa Isabel de Portugal y los de su hijo el infante Alfonso yacen en unos deslumbrantes sarcófagos labrados por Gil y Diego de Siloe, en la cartuja de Miraflores (Burgos).

ENRIQUE IV (1454-1474) fue otro rey inepto. Tuvo una niña de la que se decía que no era suya, sino de Beltrán de la Cueva, Juana la Beltraneja.

En el Tratado de Guisando se estipuló que le sucedería Isabel, hija de Juan II; muchos nobles tomaron el partido de Juana, mientras que la mayor parte del reino proclamó a Isabel. Triunfantes los partidarios de ésta en Toro (Zamora) y Albuera (Badajoz) (1476), Juana se retiró a un convento en Portugal, e ISABEL I fue reconocida reina de Castilla (1474-1504).

REFLEXIONES

España –y en España, sobre todo Castilla– fue una sociedad en combate permanente, desde el año 711 al 1492. Este espíritu, en los castellanos, se continuó en la conquista de las Indias (Vilar, 1974); sin embargo, el espíritu comercial y manufacturero estuvo poco desarrollado. Mientras tanto, los monarcas de la Corona de Aragón fueron catalanes (hasta el Compromiso de Caspe, 1412) –por ser sucesores de Ramón Berenguer IV, conde de Barcelona– y la riqueza de este reino provino de las regiones marítimas y del comercio que desde el s. XIII estuvo ampliamente desarrollado. La expansión aragonesa estuvo en el origen de los intereses españoles en Italia (Nápoles, Sicilia...) (Vilar, 1974), pero éstos nos costaron numerosísimas guerras con todas las potencias europeas.

Pese a la tendencia hacia las unificaciones, –la unión de Aragón y Cataluña (1137), la de León y Castilla (1230), la de Castilla y la federación Aragón-Cataluña-Valencia-Baleares (1469) y la integración de Navarra en 1512–, la formación de España no se ha hecho sin inquietudes por la poca profundidad del sentimiento de una única nación, la española.

De la misma forma en que Aragón y Cataluña se fusionaron por el matrimonio de Petronila I y de Ramón Berenguer IV en 1137, también se unieron Castilla y Aragón, a partir de 1469, con un enlace matrimonial, el de Isabel I y Fernando II, ambos de la dinastía castellana de Trastámara. Si aquella unión se aceptó, ¿por qué algunos no aceptan hoy la segunda?

La nación portuguesa –salvo en tiempos de Felipe II, Felipe III y Felipe IV, hasta 1640– siempre ha estado bastante desligada del resto de España a partir de Alfonso VI de Castilla.

LA CULTURA EN LA EDAD MEDIA

Las influencias europeas se propagaron cada vez con más intensidad en la Península Ibérica a partir del s. X, con lo que se incorporó definitivamente al ritmo de la civilización occidental. Era el momento del "romanismo" en toda Europa; el arte ROMÁNICO fue el predominante en el continente durante los ss. XI al XIII (Igual Úbeda, 1956).

Monasterios y catedrales eran entonces los únicos centros organizados de cultura y enseñanza. Esto obligaba a tener copistas para reproducir los códices o libros manuscritos de entonces y crear estos centros de cultura, protegidos a veces por monarcas. Tal es el caso de Sancho III de Navarra (1000-1035), en contacto directo con el abad OLIVA del monasterio de Santa María de Ripoll (Gerona) y, poco después, en la misma centuria, la famosa escuela de traductores de la catedral de Toledo, presidida por su arzobispo Raimundo. Allí había teólogos cristianos, médicos hebreos, filósofos árabes, etc., y se traducían y comentaban, en colaboración, textos de toda clase de ciencias (Igual Úbeda, 1956).

En Mallorca floreció una notable escuela de cartógrafos que dibujaron los mejores mapas de la Edad Media.

La marina tuvo mayor desarrollo en Cataluña y se incrementó después de la conquista de las Baleares. El obispo de Santiago de Compostela, Diego Gelmírez, organizó una escuadra para defender las costas gallegas y estableció un astillero en Iria (1120, La Coruña). Castilla disponía de dos fachadas marítimas, la cantábrica y la andaluza. Así, la escuadra del cantábrico, al mando del almirante burgalés Ramón Bonifaz, ayudó en la conquista de Sevilla (s. XIII). Allí, Alfonso X el Sabio fundó en 1252 las atarazanas reales con el propósito de construir naves. Durante el reinado de Enrique IV, entre 1460 y 1470, se fundó en Cádiz el colegio de pilotos vascos, que dio al Océano grandes navegadores (Vilar, 1974).

Centros bibliográficos: el convento de San Zacarías (Pirineos navarros), Oviedo, Samos (Lugo), Santo Domingo de Silos (Burgos, s. X), Vic (Barcelona), Ripoll (Gerona); en el monasterio de Santa María de Ripoll se encuentra la primera constancia de traducciones del árabe al latín, a mediados del s. X.

LA ESCUELA DE TRADUCTORES DE TOLEDO

Toledo se convirtió, casi a raíz de su conquista (1085), en un foco intelectual que reunió a sabios musulmanes, judíos y cristianos, que acudieron en gran número a causa de las persecuciones de almorávides y almohades, y atraídos por la tolerancia de Alfonso VI de Castilla, casado con Zaida, de la familia del rey Almutamid de Sevilla. En tiempos de Alfonso VII de Castilla (1126-1157), el arzobispo Raimundo acogió bajo su protección a los sabios que realizaban las traducciones.

Alfonso X de Castilla (1252-1284) le dio nuevo impulso a este centro, que se caracterizó entonces por el empleo de la lengua castellana, ayudado también por sabios árabes y hebreos que vertieron a nuestro romance diversos tratados científicos de física, matemáticas, química, medicina y astronomía; también se tradujeron obras literarias orientales. Su fama atrajo a muchos extranjeros que difundieron por sus países los conocimientos adquiridos. Así, Toledo alimentó un importantísimo flujo de ciencia y filosofía greco-latinas hacia toda España y hacia Europa.

LAS UNIVERSIDADES

Con posterioridad al s. XI, la obra de renacimiento cultural estuvo en marcha, en plena formación las lenguas romances y la labor docente reemprendida. En el s. XIII aparecen las primeras universidades: la primera, efímera, la fundó Alfonso VIII de Castilla (1158-1214) en Palencia (1208?); la primera que perduró fue la de Salamanca, fundada por Alfonso IX de León (1188-1230), pero fue Alfonso X el Sabio que le dio su constitución en 1253. La primera del reino de Aragón fue la de Lérida, del año 1300, fundada por Jaime II el Justo (1291-1327).

LA LENGUA CASTELLANA

La población hispano-goda del s. VIII hablaba un lenguaje latino con ciertas tendencias hacia un romance fonéticamente semejante a los posteriores galaico-portugués y catalán. Con el paso del tiempo se fragmentó en grupos lingüísticos política y geográficamente separados: galaico-portugués, asturiano-leonés, castellano, navarro, aragonés, catalán y mozárabe que evolucionaron de un modo distinto.

El castellano, nacido en la zona del alto Ebro y del alto Pisuerga, en la región limítrofe con la lengua vasca, e influido por ella, manifestó desde el primer momento claras diferencias con el astur-leonés. La expansión del castellano a lo largo de la Reconquista arrinconó a los demás romances en los extremos de la Península.

A partir del s. XIII, Alfonso X el Sabio convirtió en lengua escrita el rudo romance oral.

LA LITERATURA CASTELLANA

SIGLO XIII

El poema del Cid: es el más antiguo poema épico castellano que se conserva (una copia del s. XIII) y que la mayoría de los autores fechan en el XIII; es un cantar de gesta en verso y en lengua romance.

Gonzalo de BERCEO (1197-1264) es el primer escritor y poeta en lengua castellana cuyo nombre se conozca. Trabajó como notario en el monasterio de San Millán de la Cogolla (La Rioja).

Otro autor conocido es ALFONSO X el Sabio (1252-1284).

SIGLO XIV

Juan RUIZ, arcipreste de HITA (*Libro de Buen amor*),

El infante JUAN MANUEL (*El conde Lucanor*).

SIGLO XV

El marqués de SANTILLANA, Juan de MENA, Juan RODRÍGUEZ de la CÁMARA, el arcipreste de TALAVERA, Pedro TAFUR, Pérez de GUZMÁN, Hernando del PULGAR. Entre las muchas obras, quiero mencionar la anónima del *Amadís de Gaula*.

LA CULTURA CATALANA

Idéntico impulso se dio en la España oriental; Lérida, Huesca, Gerona, Zaragoza, Perpiñán mantuvieron universidades ilustres.

Filosofía: Raimundo LULIO (ss. XIII y XIV).

Hombres de ciencia: Arnaldo de VILANOVA, fray Anselmo de TURMEDA, Bernat METGE.

Geógrafos: DULCET, VALLSECA, etc.

Poesía: Cerverí de GIRONA (s. XIII), Ausiàs MARCH (s. XV).

Novela caballeresca: Joanot MARTORELL (*Tirant lo Blanc*) y Joan de GALBA (S. XV).

CULTURA HISPANO-JUDAICA

Médicos (MAIMÓNIDES), Teólogos, geógrafos –Abraham ZACUT, que influyó en los descubridores portugueses y españoles–, cartógrafos, filósofos, poetas.

El gran interés por la cultura de los hebreos ha llegado hasta el presente; media literatura castellana –con Gracián y Santa Teresa al frente– ha estado constituida por descendientes de hebreos (Voltes, 1992).

EL ARTE PRERROMÁNICO

Entre los ss. VIII y el XI, los periodos que ofrece el arte prerrománico español son dos: asturiano y mozárabe.

El arte asturiano arrancó de las fórmulas latino-bizantinas, pero con soluciones y novedades nacionales, no es continuación del visigodo ni es carolingio; no utiliza el arco de herradura como el visigodo, sino el de medio punto y la bóveda de cañón. El tipo más frecuente es la basílica de tres naves sostenidas por arcos de medio punto que descansan sobre pilares cuadrados.

Pueden distinguirse dos épocas: la alfonsí, correspondiente al reinado de Alfonso II el Casto (791-842), de la que nos quedan la Cámara Santa de la catedral de Oviedo y la iglesia de Santullano o San Julián de los Prados (Oviedo) –la ermita de Santa Cruz de Cangas de Onís (Asturias) fue fundada por el rey Favila (737-739)–, y la ramirense, correspondiente al reinado de Ramiro I (842-850), que produjo tres joyas espléndidas: San Miguel de Lillo, Santa María de Naranco (que antes fue palacio de Ramiro I) y Santa Cristina de Lena (Oviedo).

En la segunda mitad del s. IX y en los comienzos del X hay una serie de iglesias correspondientes a la época de Alfonso III (866-910), unas derivadas del estilo ramirense y otras más humildes del alfonsí. Al primer grupo corresponden las construcciones de la corte: San Salvador de Valdediós (893); al segundo, las iglesias populares de Asturias, como Santiago de Gobiendes, Santo Adriano de Tuñón, San Salvador de Priesca, San Pedro de Nora.

El arte mozárabe, evolución del visigótico, con adaptación de elementos musulmanes, también muestra un tipismo nacional: Santa María de Melque (Toledo), San Juan de la Peña (Huesca), San Quirce de Pedred (Gerona), Santiago de Peñalba (León), San Miguel de Escalada (León), San Cebrián de Mazote (Valladolid), San Miguel de Celanova (Orense), Santa María de Lebeña (Liébana, Cantabria), San Millán de la Cogolla (ss. X-XI, La Rioja) y San Baudelio de Berlanga (s. XI, Soria) son las mejores muestras del mozarabismo arquitectónico.

En el monasterio de Suso (San Millán de la Cogolla), un monje escribió las Glosas Emilianenses que eran anotaciones aclaratorias en los márgenes de las páginas. Estas anotaciones se realizaron en varias lenguas: latín, romance (un "precastellano" poco evolucionado respecto del latín) y vascuence o euskera. Unas 100 de estas glosas están en romance y 2 en lengua vasca; se consideran de finales del s. X o principios del XI.

Más recientemente se han encontrado otras anotaciones en romance que son claramente del s. XI, por lo que los orígenes del castellano escrito son realmente de este siglo (Igual Úbeda, 1956).

Resulta paradójico y curioso que en un monasterio como el de Suso, en el que algunos de sus monjes pudieron haber procedido de Navarra o ser de origen vasco, naciera el castellano escrito.

EL ROMÁNICO

Como consecuencia de las conquistas técnicas conseguidas por las diversas escuelas nacidas en el antiguo Imperio de Occidente, se formó hacia el s. XI un estilo más sabio y uniforme, denominado románico por las mismas razones que se llaman romances a las lenguas derivadas del latín (Angulo Íñiguez, 1973).

Las órdenes monásticas habían sido ya influyentes en el periodo prerrománico, pero entonces tuvo lugar una reforma en la de los benedictinos que contribuyó poderosamente en la uniformización de su vida. Esta reforma tuvo su origen en el monasterio de Cluny (Borgoña, Francia), fundada en el 910; esta regla terminó imponiéndose en un millar de abadías diseminadas por todo Occidente (Angulo Íñiguez, 1973). Los reyes Sancho III de Navarra (1000-1035) y Alfonso VI de Castilla (1072-1109) y sus descendientes apoyaron la influencia cluniacense y sus monasterios (Voltes, 1992).

Otro factor determinante en la internacionalización del arte románico fueron las peregrinaciones a Roma y a Santiago de Compostela. En el s. XII, el prestigio de las peregrinaciones creció todavía más (Igual Úbeda, 1956).

El románico español produjo magnas catedrales (Santiago –s. XI–, Zamora –s. XII–, Salamanca –s. XII–, etc.), edificó grandes monasterios (Ripoll, Gerona) e iglesias de gran interés: San Clemente de Tahull (s. XI, Lérida), catedral de Jaca (s. XI, Huesca), San Martín de Fromista (s. XI, Palencia), San Isidoro de León (s. XI), San Vicente de Ávila, Santa María de Loarre (Huesca)...

Otras joyas son los pórticos y esculturas de la Gloria (Santiago), de San Vicente (Ávila), Santa María de Sangüesa (Navarra), catedral de Orense, etc.

En el arte civil, el románico nos dejó: el palacio de Gelmírez (Santiago), la fachada del de los duques de Granada (Estella, Navarra)...

Tampoco faltan ejemplos del arte militar románico: fortificaciones y murallas de Astorga (León), Ávila, Zamora, el castillo de Turégano (Segovia), etc.

Nuestro románico se continuó hasta el s. XIII.

EL ARTE CISTERCIENSE

Cister, orden religiosa, de la regla de San Benito, fundada a finales del s. XI en Francia (Cîteaux, cerca de Dijon). Su florecimiento se debió a la difusión que hizo de ella San Bernardo de Claraval a partir de 1112-1115.

Los cistercienses fueron protegidos por Alfonso VII de Castilla (1126-1157). Era la época de las invasiones almohades, y frente a los "monjes" guerreros musulmanes, los cistercienses crearon los monjes guerreros cristianos; así fundaron las órdenes militares de Calatrava (1157), la de Santiago (1161) y la de Alcántara en 1166 (Igual Úbeda, 1956).

Los cistercienses, con un nuevo concepto de la disciplina eclesiástica, aportaron soluciones inéditas al arte arquitectónico, inspiradas en la sobriedad y en una mayor esbeltez del edificio. El estilo cisterciense manifestó una clara transición a lo que luego se denominó ojival o gótico. En la evolución de su técnica, a partir de la segunda mitad del s. XII, cabe señalar la importancia de la catedral de Zamora y del monasterio de Moreruela, en esta misma provincia, de los monasterios de Santes Creus y Poblet en Tarragona, de las Huelgas en Burgos, de la catedral de Ávila, etc. (Igual Úbeda, 1956).

PINTURA Y ESCULTURA

En cuanto a la pintura mural que decoraba muchas iglesias románicas, destacan San Clemente de Tahull (Lérida), la ermita de San Baudelio de Berlanga (Soria)... (Igual Úbeda, 1956). Entre las portadas de los templos, debe mencionarse la de la catedral de Santiago de Compostela, como la más importante; la comenzó Alfonso VI de Castilla en 1075 (Igual Úbeda, 1956).

Los escultores dejaron obras muy notables en Sahagún (León), en Santo Domingo de Silos (Burgos), en la Cámara Santa de Oviedo, en la basílica de San Vicente de Ávila, etc., pero no superan la obra del famoso maestro MATEO, autor del pórtico de la Gloria en la catedral de Santiago, entre los años 1158-1188 (Igual Úbeda, 1956).

EL GÓTICO

Existen soberbios ejemplos del arte ojival español; durante su primera etapa, que corresponde al s. XIII, dejó sus monumentos principales en Castilla, las catedrales de Burgos, León y Toledo pertenecen a la plana mayor de toda Europa, su centro de gravedad se desplazó en la siguiente centuria a Levante, catedrales de Barcelona, Palma y Gerona, para volver desde el s. XV a manifestar mayor vitalidad en Castilla, catedrales de Sevilla, Salamanca, Segovia, las dos últimas del s. XVI. En Levante se crearon espléndidos edificios de administración pública, lonjas de Barcelona, Valencia y Palma, y numerosas casas de amplias proporciones y aspecto monumental (Angulo Íñiguez, 1973).

La catedral de León, terminada hacia 1280, es la más luminosa de las españolas. En Barcelona, además, es necesario recordar Santa María del Mar y Santa María del Pino. Respecto de la catedral de Palma, es obligado decir que fue comenzada en la segunda mitad del s. XII (Angulo Íñiguez, 1973).

Son innumerables las obras de segunda fila que se podrían mencionar. No se pueden olvidar el convento de las Huelgas –de Alfonso VIII (m. 1214) y de estilos románico y gótico– y el de Miraflores –de Juan II, s. XV–, ambos en Burgos. Entre los castillos, deben citarse el de la Mota (Valladolid), de Coca (Segovia), de Pambre (Orense), de Solivella (Tarragona)...

EL RENACIMIENTO

Se advierten las influencias renacentistas a lo largo del s. XV, especialmente en la corte de Juan II de Castilla (1406-1454) y, después, con fuerza en la de los Reyes Católicos.

ESCULTURA Y PINTURA

En la escultura y la pintura se notan influencias del gótico francés y del italiano. Las grandes muestras escultóricas se encuentran en las catedrales de Burgos, León y Toledo.

En cuanto a la pintura, en el s. XIII predominó la influencia francesa; en el XIV llegaron influencias italianas, sobre todo de Siena, a Cataluña. En el s. XV, Valencia fue foco de gran actividad, advirtiéndose las influencias italiana y flamenca; éstas también llegaron a Castilla en este mismo siglo.

LA IMPRENTA

Apareció en España en el último tercio del s. XV, en Valencia (1474); se difundió rápidamente a Zaragoza, Barcelona, Sevilla, Salamanca, Burgos, Toledo, etc.

LOS REYES CATÓLICOS

Las circunstancias que se dieron durante el reinado de los Reyes Católicos, sus proyectos de gobierno afines, sus caracteres complementarios, los acontecimientos que les rodearon, los personajes que les fueron coetáneos, todo pareció contribuir a la grandeza de este reinado, que abrió la época más esplendorosa de la Historia de España (Igual Úbeda, 1956).

LA EDAD MODERNA (ss. XVI-XVIII)

LOS REYES CATÓLICOS

SIGLO XV

El matrimonio de ISABEL I la Católica (1474-1504) –hija de Juan II de Castilla y hermana de Enrique IV– y FERNANDO (II de Aragón, 1479-1516 y V de Castilla, 1474-1516) el Católico –hijo de Juan II de Aragón– tuvo lugar en 1469; ambos pertenecían a la dinastía castellana de Trastámara.

Esta unión no significó, en último término, la fusión de ambas coronas en una: en Castilla, Isabel fue la reina efectiva y Fernando el rey consorte, en Aragón, Fernando fue el rey efectivo e Isabel la reina consorte. Así se había convenido en la famosa Concordia de Segovia (1475). El símbolo del yugo y las flechas, que aludía a sus iniciales y representaba la fuerza conseguida por el matrimonio, no representó la unión de los estados ni de los pueblos, siempre demasiado recelosos de su independencia (Igual Úbeda, 1956).

Para Isabel, los principios no fueron nada fáciles porque Alfonso V de Portugal apoyó a la hija de Enrique IV, Juana (la Beltraneja). Después de las batallas de Toro (Zamora) y Albuera (Badajoz), el monarca portugués concertó el Tratado de Alcaçobas-Toledo o de Trujillo (1479-1480), en el que se convino el matrimonio del heredero de Portugal, Alfonso, con la infanta Isabel, hija mayor de los Reyes Católicos, se adjudicó a Portugal el dominio exclusivo de la navegación a lo largo de la costa africana, con la excepción de las islas Canarias, cuya posesión se reconoció a la Corona de Castilla, y el monarca portugués renunció a sus títulos sobre Castilla y a casarse con la Beltraneja.

Una de las primeras tareas de los Reyes Católicos fue la de someter a la nobleza, especialmente en Galicia y en Sevilla; sus privilegios fueron revisados, sus rentas disminuidas, muchos de sus castillos derribados o desmochados. Los maestrazgos de las Órdenes Militares fueron incorporados a la Corona. Se estableció la Santa Hermandad, una milicia ciudadana, que tenía la misión de reprimir los desórdenes y perseguir los delitos y el bandolerismo (Igual Úbeda, 1956).

Fernando intervino en las luchas sociales de Cataluña, resolvió el problema de los *payeses de remensa*, campesinos con una situación semejante a la servidumbre, estableciendo su libertad en la *sentencia de Guadalupe* (Igual Úbeda, 1956).

La España de Isabel y Fernando unió las tradiciones de reconquista de Castilla y las ambiciones mediterráneas de Aragón y Cataluña (Vilar, 1974).

La denominación de Reyes Católicos les fue adjudicada por el papa Alejandro VI (Borja) (Voltes, 1992).

Entre los años 1479 –en que Isabel y Fernando reinaron conjuntamente en España– y 1598 –muerte de Felipe II–, un poco más de un siglo, tuvieron lugar los tres reinados (Reyes Católicos, Carlos I y Felipe II) que proporcionaron a España un esplendor de los más brillantes que la Historia conoce. Los españoles podemos sentir un orgullo totalmente legítimo por haber sido una potencia considerable, la primera en Europa en fundar un vastísimo imperio colonial en los tiempos modernos (Vilar, 1974).

¿Cómo serían las celebraciones y el eco que se les daría si hubiera sido obra de cualquier otra nación europea? Pero no, los españoles parecemos preferir prestar oídos a la Leyenda negra...

LA GUERRA DE GRANADA

Esta guerra de los Reyes Católicos se llevó contra el sultán Alí Abulhasán (Muley Hacén), su hijo Mohamed XI (Abuabdalá, Boabdil) y su hermano Mohamed XII (Abuabdalá, el Zagal), siempre en discordia entre ellos y apoyados por los bandos rivales de zegríes y abencerrajes.

En 1481, Alí Abulhasán tomó Zahara (Cádiz), los monarcas cristianos contestaron con la toma de Alhama de Granada (1482). Siguieron las tomas de Ronda (1485), Loja, Íllora y Moclín (1486), Vélez Málaga (1487), Huéscar, Cuevas de Almanzora, Vélez Blanco y Vélez Rubio (1488), Baza, Guadix y Almería (1489).

En 1491 tuvo lugar el asedio de Granada y, poco después, la entrada en el palacio de la Alhambra el 2 de enero de 1492.

Esta guerra de once años remató el proceso de ocho siglos de la Reconquista. De este modo, Portugal y España han sido los dos únicos países del mundo que han sido capaces de liberarse de las invasiones y del sometimiento islámico. El mismo año de 1492 estuvo también bajo la gloria del descubrimiento del continente americano, y significa el final de la Edad Media y el comienzo de la Edad Moderna.

Melilla fue tomada en 1497.

LA CONQUISTA DE LAS ISLAS CANARIAS

Se inició, por medio de particulares, en tiempos del gran rey Enrique III de Castilla (1390-1406) y se culminó con los Reyes Católicos.

A principios del s. XV, Lanzarote, Fuerteventura, Hierro y La Gomera fueron tomadas por los aventureros normandos Jean de Bethencourt y Gadifer de la Salle, que estuvieron subvencionados por Enrique III; la ocupación definitiva tuvo lugar tras las tomas de Gran Canaria (1483), La Palma (1492) y Tenerife (1496).

LA INQUISICIÓN (1478)

Nació en el s. XIII para luchar contra las herejías y contra los judíos conversos sospechosos; es curioso resaltar que, durante la Edad Media, no se hizo notar en España (salvo en Aragón con la herejía albigense), mientras se extendía por gran parte de Europa. Su influencia decayó durante el s. XV. Sin embargo, la segunda Inquisición, establecida por los Reyes Católicos, nació con una finalidad política y religiosa, la unificación de España.

El Inquisidor de Castilla, fray Tomás de Torquemada, ha pasado a la historia por el extraordinario rigor que puso en su misión, y ello sirvió para fomentar la *leyenda negra* contra España. Aun así, la Inquisición no fue un fenómeno peculiar de nuestro país, sino también de otras naciones europeas, ni los métodos fueron distintos de los que en ellas fueron empleados (Igual Úbeda, 1956). Sus defensores, contra la Leyenda negra, arguyen que gracias a ella se evitaron las guerras religiosas que ensangrentaron otros países, y que no hubo ningún proceso formal referente a ninguno de los valores científicos o literarios de los ss. XVI y XVII, ni tampoco se prohibió una sola línea de Copérnico, Galileo o Newton.

La Inquisición, entre 1550 y 1700, procesó a algo menos de 50.000 personas, de modo que en el total de su existencia no alcanzó a perseguir a más de 100.000 personas, que tampoco son pocas. Sin embargo, la vida entera de España estuvo, de algún modo, condicionada por el Santo Oficio, y nadie escribió ni habló, ni enseñó ni estudió, sin tenerlo muy presente. De todas maneras, en aquella época, el discrepar tenía pena de muerte en todas las naciones (Voltes, 1992).

LA EXPULSIÓN DE LOS JUDÍOS

Un edicto de marzo de 1492 les obligó a salir de España o a bautizarse en el plazo de cuatro meses; salieron de 35 a 36.000 familias, no menos de 100.000 personas que se negaron a abjurar de su religión. En 1502, los no convertidos fueron expulsados de los demás dominios de Castilla.

LA ORGANIZACIÓN DEL ESTADO

Ésta se caracterizó por la centralización administrativa y el poder real absoluto. Los Reyes Católicos crearon un ejército permanente y el servicio militar obligatorio, reclutando un hombre por cada doce de los comprendidos entre los 20 y los 40 años.

LA EXPANSIÓN TERRITORIAL

La política castellana (Isabel y luego Cisneros) se orientó en dirección africana (conquista de Melilla en 1497) y americana. Fernando el Católico se ocupó de la expansión por el Mediterráneo, de la intervención en los asuntos de Italia y luchó contra Francia.

Por el Tratado de Barcelona (1493), acuerdo entre Fernando y Carlos VIII de Francia, se recuperaron los condados del Rosellón y de Cerdaña, perdidos por Juan II (1458-1479) de Aragón, a cambio del compromiso español de no ayudar a los enemigos de Francia, con excepción de la Santa Sede (Igual Úbeda, 1956).

Cuando Carlos VIII se apoderó de Nápoles (1495), que era feudo del papa Alejandro VI, Fernando incorporó a España en la Liga Santa –el Pontificado, Alemania, Milán y Venecia– y envió a Gonzalo Fernández de Córdoba (el Gran Capitán) para desalojar a los franceses.

SIGLO XVI

En tiempos de Luis XII de Francia, se llegó a un reparto amistoso del reino de Nápoles, pero al surgir diferencias, Fernando se apoderó definitivamente del territorio (1503) después de las brillantes campañas del Gran Capitán (Seminara, Ceriñola, Otranto y Garellano). De esta manera volvió a poder español el reino napolitano, que Alfonso V el Magnánimo (1416-1458) de Aragón había conquistado en 1442.

LA POLÍTICA MATRIMONIAL

Los Reyes Católicos organizaron los siguientes matrimonios: el príncipe Juan con Margarita, hija del emperador Maximiliano de Austria; la princesa Juana (I) con Felipe (I) el Hermoso, hijo del mismo emperador, de este matrimonio nació Carlos, que iba a ser el primer rey de la unidad de España; la infanta Isabel con Alfonso de Portugal; la infanta María con Manuel I de Portugal; la infanta Catalina con el futuro Enrique VIII de Inglaterra. Con esta política, Francia quedó rodeada.

REGENCIA DE FERNANDO EL CATÓLICO

A la muerte de Isabel I (1504), JUANA I la Loca quedó como heredera, y el rey Fernando como regente (1504-1516).

Propulsadas por el cardenal Francisco Jiménez de Cisneros, el confesor de la Reina, se organizaron expediciones a la costa Africana, nido de piratas, Vélez de la Gomera (1508), Orán (1509), y los reyes de Túnez, Bujía y Tremecén fueron sometidos a vasallaje (Voltes, 1992).

En Italia, Fernando estuvo en la Liga de Cambray contra Venecia (1508) y en la Liga Santa contra Francia (1511).

A la muerte de Felipe el Hermoso (1506), se formó un consejo de regencia presidido por el cardenal Cisneros, en él estaban el rey Fernando y otros cuatro vocales (Voltes, 1992).

LA ANEXIÓN DE NAVARRA

Los reyes de Navarra, Catalina y Juan de Albret, por el Tratado de Blois (1512), se comprometieron con los franceses a prohibir el paso de las tropas del rey Fernando por Navarra. Entonces, un ejército mandado por el duque de Alba ocupó el territorio y los reyes huyeron a Francia; las Cortes juraron fidelidad a Fernando y éste confirmó a los navarros sus fueros y privilegios (1512).

A partir de entonces ya no se habló más que del "rey de España". Por tercera vez, España era una nación unida y así ha permanecido hasta el presente. El año 1512 marca el punto culminante de la política española; todo llegó a ser posible gracias al

LOS REYES CATÓLICOS

SIGLO XVI

matrimonio de Isabel de Castilla y Fernando de Aragón, porque España terminó la Reconquista, incorporó Navarra y Nápoles, ganó las islas Canarias, el control del norte de África y las tierras de América (Igual Úbeda, 1956).

REGENCIA DE CISNEROS (1516-1517)

A su muerte (1516), Fernando dejó como heredera de Aragón a JUANA, y como regente a su nieto CARLOS I (hijo de Juana y Felipe); el cardenal Cisneros actuó de regente hasta que Carlos regresó de Flandes (1517).

Cisneros fue el fundador de la Universidad de Alcalá, que se comenzó en 1498, e hizo imprimir la hermosa *Biblia Poliglota complutense* (1514-1517).

LOS REYES DE ESPAÑA

SIGLO XVI

LA CASA DE AUSTRIA

CARLOS I de España y V de Alemania (1516-1556), hijo de Felipe I el Hermoso y de Juana I la Loca, reunió cuatro herencias: la de sus abuelos paternos, Maximiliano (Casa de Austria) y María de Borgoña (Países Bajos, el Artois, el Franco-Condado y aspiraciones al ducado de Borgoña), y la de sus abuelos maternos, Fernando el Católico (la Corona de Aragón y los dominios italianos, Nápoles, Sicilia y Cerdeña) e Isabel la Católica (Castilla y sus posesiones ultramarinas y africanas). Fue, por lo tanto, el soberano más poderoso del mundo occidental.

En 1519 fue elegido emperador, como Carlos V de Alemania. Los primeros contactos del Emperador con España fueron desagradables; por parte suya hubo desconocimiento e incomprensión, por parte de los representantes de las Cortes españolas hubo una hostilidad casi continua. Los rebeldes de Castilla, –el movimiento de los Comuneros, con Padilla, Bravo y Maldonado–, fueron vencidos en la batalla de Villalar (Valladolid, 1521); la rebelión en Valencia, lo fue en 1522.

En 1530, Carlos V recibió la corona imperial de manos del papa Clemente VII en Bolonia.

LUCHAS POR LA HEGEMONÍA EN EUROPA

Carlos V y Francisco I de Francia (1515-1547) sostuvieron cuatro guerras: la primera (1521-1526; con la batalla de Pavía, 1525, Francisco I cayó prisionero) se terminó con la Concordia de Madrid; la segunda (1526-1529; con el saqueo de Roma y Clemente VII prisionero) se arregló con la paz de Cambray o de las Damas; la tercera (1535-1538) acabó con la Tregua de Niza, y la cuarta (1542-1544), con la paz de Crespi. Otro conflicto (quinta guerra), esta vez con Enrique II, hijo del anterior, de 1552 a 1556, se interrumpió con la Tregua de Vaucelles, en el mismo año de la abdicación del Emperador. Francia quedó entre el reino de España y el Sacro Imperio Romano Germánico, éste limitaba por el Este con el reino de Polonia y el imperio turco. Además, el reino de España era dueño del ducado de Milán, del reino de Nápoles, y de Sicilia y Cerdeña.

LUCHAS CONTRA LOS MUSULMANES

Los ejércitos del Emperador hicieron fracasar el asalto a la ciudad de Viena por los turcos de Solimán el Magnífico; éstos habían remontado todo el valle del Danubio desde el mar Negro sin poder ser detenidos. Por otro lado, el Mediterráneo estaba constantemente amenazado por el pirata Barbarroja, aliado del sultán turco.

Carlos V, que quería terminar con las incursiones de estos piratas berberiscos, organizó con la ayuda del genovés Andrea Doria una gran flota y dirigió personalmente el ataque a las posiciones del norte de África; se tomaron La Goleta (1535) y la ciudad de Túnez (Igual Úbeda, 1956).

CARLOS V FRENTE A LA REFORMA DE MARTÍN LUTERO

Todo el asunto de la Reforma luterana le acarreó numerosos disgustos, sinsabores y muchas guerras, y es muy probable que le animó a abdicar (1556) y a recogerse, hasta su muerte (1558), en el monasterio jerónimo de Yuste (Cáceres), donde dispuso que su dormitorio tuviera una ventana que daba directamente al altar de la iglesia del monasterio, de este modo podía seguir las misas desde su lecho. Lo mismo haría más tarde su hijo Felipe II en El Escorial.

Cedió el imperio alemán, excepto los Países Bajos, a su hermano Fernando I, y el Gobierno de España a su hijo Felipe II.

FELIPE II DE ESPAÑA (1556-1598)

Nacido en 1527, contrajo matrimonio con su prima la princesa María Manuela de Portugal (1543); de esta unión nació el príncipe Carlos, que al venir al mundo causó la muerte de su madre.

En 1553 subió al trono inglés María I Tudor la Sanguinaria, y Carlos V organizó el matrimonio de su hijo con ella, que se llevó a cabo por procurador (1554). María Tudor murió en 1558 y le siguió en el trono Isabel I.

LA LUCHA CON FRANCIA

Las guerras incesantes entre Francisco I y Carlos V vinieron a liquidarse en tiempos de sus inmediatos sucesores: Enrique II y

Felipe II.

Apenas en el poder Felipe II, el pontífice Paulo IV, aliado con Enrique II de Francia, lo excomulgó con el pretexto de que los españoles ocupaban territorios de la Santa Sede. Felipe II consiguió que María Tudor declarase la guerra a Enrique II y organizó un gran ejército que puso a las órdenes de su primo Manuel Filiberto, duque de Saboya. La batalla victoriosa de San Quintín tuvo lugar en 1557; un nuevo desastre que sufrieron los franceses en Gravelinas (1558) aceleró la terminación de la guerra.

Por la paz de Cateau-Cambresis (1559), Francia conservo Calais y se le devolvieron San Quintín (también en el norte de Francia) y otras ciudades; el duque de Saboya adquirió el Piamonte y la Saboya (que su padre había perdido ante Francisco I). Dos matrimonios consagraron la paz: el de Manuel Filiberto con Margarita, hermana de Enrique II, y el de Felipe II con Isabel de Valois, hija del monarca francés. Con esta paz se terminó la intervención francesa en Italia, que había llenado el periodo de 1484 a 1559, y se estableció definitivamente la hegemonía española en este país.

FELIPE II Y LOS MORISCOS

La asimilación de los moriscos no se había logrado con los Reyes Católicos, ni con Carlos V, Felipe II reprodujo las Ordenanzas de su antecesor y dispuso (1567) que se les prohibiesen el uso oral y escrito del árabe, sus trajes, ceremonias, nombres, y se decretó el uso obligatorio del castellano.

Los moriscos, dirigidos por Aben Humeya, se declararon en rebelión (1568) en la provincia de Granada y se refugiaron en las Alpujarras, donde renegaron de la fe cristiana, destruyeron iglesias y resistieron valerosamente a las tropas reales mandadas por el marqués de Mondéjar, por el marqués de los Vélez y por Juan de Austria que al fin logró dominarlos (1571). Muchos emigraron a África, y los más fueron trasladados a Castilla y Extremadura; pero la expulsión total no llegó a realizarse, aunque se intentó en 1582.

LA LUCHA CON LOS TURCOS Y LOS BERBERISCOS

Los corsarios turcos y berberiscos, terror del Mediterráneo, causaban graves daños en los dominios españoles e italianos de Felipe II; éste dispuso algunas expediciones de castigo que no tuvieron mucho éxito.

En 1565, la isla de Malta, cedida por Carlos V a los caballeros de San Juan cuando fueron desposeídos de Rodas por los turcos, fue atacada por una flota otomana que llevaba más de 30.000 soldados. El gran maestre La Valette apenas contaba con 8.500 hombres para defenderla; cuando todo parecía perdido, llegaron los refuerzos españoles, enviados por García de Toledo, virrey de Sicilia, y los turcos levantaron el asedio.

Poco tiempo después, 1570, la presión turca se dejó sentir sobre Chipre, se adueñaron de parte de la isla y de Nicosia. Ante la indiferencia de las potencias europeas, Felipe II se hizo cargo de la dirección de la empresa: organizó una Liga Santa contra el Islam y nombró generalísimo a su hermanastro Juan de Austria.

Una poderosa flota (264 embarcaciones?), integrada por naves venecianas, españolas y pontificias (Pío V), tripuladas por más de 90.000 soldados (entre ellos, Miguel de Cervantes), marineros y chusma, salió de Mesina (Sicilia) en 1571. El encuentro tuvo lugar en aguas del golfo de Lepanto o de Corinto (Grecia); la escuadra turca perdió más de 200 naves, hundidas o capturadas, tuvo más de 20.000 muertos y 8.000 prisioneros. El número de muertos cristianos ascendió a 8.000, pero se rescataron más de 12.000 cautivos.

La batalla de Lepanto causó gran impresión en Europa; con ella se debilitó el poderío turco, se hicieron posibles la navegación y el comercio en el Mediterráneo y se apartó del mundo cristiano la amenaza otomana durante algún tiempo. Juan de Austria ocupó Túnez y Bizerta en 1574.

Sin embargo, el empuje contra el poderío turco no tuvo la suficiente continuidad y, a los pocos años, los españoles se vieron obligados a retirarse de La Goleta y de Túnez (Igual Úbeda, 1956).

LA UNIDAD IBÉRICA

Al morir Juan III de Portugal (1521-1557), le sucedió su nieto Sebastián (1557-1578) que fue derrotado y muerto durante su expedición a Marruecos; entonces ocupó el trono su tío abuelo, el cardenal Enrique (1578-1580), un anciano de 66 años.

Surgieron tres pretendientes, nietos de Manuel I el Afortunado (1495-1521): Felipe II (hijo de Isabel, infanta de Portugal), Catalina, duquesa de Braganza, y Antonio, prior de Crato (éste por línea bastarda). Como no se llegaba a ningún acuerdo, Felipe II hizo invadir el reino por un ejército a las órdenes del duque de Alba; esto provocó una sublevación a favor de Antonio, mas el duque le derrotó en la batalla de Alcántara (Cáceres, 1580), y Sancho Dávila le desalojó de Oporto.

Felipe II reunió las Cortes de Thomar (o Tomar) en 1581 y prometió conservar todas las instituciones portuguesas. De este modo se consiguió la unidad ibérica; por tercera y última vez en la Historia de España, la Península era una única nación. Además, se unieron los dos mayores imperios coloniales del mundo, por lo que es en 1580 que puede situarse el punto culminante de la historia peninsular. Con esta unión se podía dar la vuelta al mundo sin pisar un palmo de tierra que no perteneciera a España.

LAS CUESTIONES RELIGIOSAS Y LA SUBLEVACIÓN DE LOS PAÍSES BAJOS

Felipe II aspiraba a librar a sus estados de las discordias religiosas y civiles que asolaban a otros países europeos y reprodujo los edictos religiosos e inquisitoriales dictados por su padre bastantes años antes.

Los disturbios y sublevaciones, en los Países Bajos, se sitúan entre 1565 (Compromiso de Breda) y 1598 en que Felipe II se los dejó a su hija Isabel Clara Eugenia, prometida del archiduque Alberto, a condición de que volvieran a la Corona española si no tenían sucesión.

En estos más de 30 años de luchas continuas, tuvieron lugar muchos hechos heroicos y otros mucho menos admirables tanto de flamencos como de españoles: condes de Egmont y de Horn, Guillermo y Mauricio de Orange, y duque de Alba, Luis de Requeséns, Alejandro Farnesio, Cristóbal de Mondragón, Sancho Dávila y Juan de Austria. La rebelión siempre estuvo apoyada por los protestantes (calvinistas de los Países Bajos, protestantes alemanes y hugonotes franceses) y la reina de Inglaterra, Isabel I.

LA INVENCIBLE

Durante aquellas guerras, Inglaterra había intervenido activamente a favor de los flamencos sublevados; sus piratas o corsarios Hawkins, Drake, Frobisher causaron graves daños en las costas y puertos de España y América; las flotas españolas eran continuamente asaltadas y saqueadas. Como represalia, España apoyó a los irlandeses católicos.

Los ataques de Drake en la bahía de Cádiz y en Portugal, y la ejecución de María Estuardo (1587), reina de Escocia, candidata del partido católico al trono de Inglaterra y encarcelada por Isabel II, decidieron a Felipe II a intentar acabar con el poderío de la reina inglesa.

Una escuadra de 131 naves, con 25.000 hombres, salió de Lisboa y de La Coruña (junio de 1588) con rumbo a las costas de Flandes, donde debía recoger un ejército mandado por Farnesio, para después desembarcar en Inglaterra. Sin embargo, el duque de Medina-Sidonia, que estaba al mando de la flota, no estaba cualificado como marino. La habilidad del almirante Howard y de Drake, y una espantosa tempestad desbarató totalmente la Invencible (agosto de 1588).

Con este desastre quedó sumamente debilitado el poder naval de España y la supremacía en el mar pasó a Inglaterra.

ANTONIO PÉREZ

Por culpa de las intrigas de Antonio Pérez, que había sido secretario del Rey, Felipe II tuvo problemas con Aragón y, en represalia, rebajó los privilegios de sus fueros (1591).

Felipe II fue un monarca extraordinariamente dedicado a las tareas de gobierno durante los 42 años de su reinado; obtuvo algunos éxitos muy importantes, pero también tomó decisiones equivocadas.

La Leyenda negra, nacida alrededor de Felipe II, tuvo su origen en su modo de ejercer el poder, en sus numerosísimos enemigos, en su defensa del catolicismo y en las obras escritas por rivales suyos, Guillermo de Orange (*Apología* o *Defensa del príncipe de Orange*) y Antonio Pérez (*Relaciones*).

LA CORTE EN MADRID

Los Reyes Católicos cambiaron continuamente de residencia; Carlos V tampoco tuvo residencia fija, aunque en Toledo construyó un alcázar. Felipe II vivió largas temporadas en Madrid e hizo obras en un palacio o alcázar allí existente, rodeado de amplios terrenos (el Campo del Moro). A partir de este momento, y salvo un breve periodo en que la corte fue trasladada a Valladolid (en tiempos de Felipe III), Madrid quedó convertido en la capital (1561). Anteriormente, la corte había residido con preferencia en Toledo, Valladolid, Granada, Zaragoza y Barcelona.

Madrid, en 1563, contaba con 2.520 casas, pobladas por unos 14.000 habitantes; en 1598, 35 años después, la villa había triplicado el número de sus edificios.

EL ESCORIAL

Para cumplir un voto que había formulado con motivo de la victoria de San Quintín (día de San Lorenzo de 1557), Felipe II fundó el monasterio de El Escorial, a 50 Km. de la Corte. Este austero y frío monumento es a la vez iglesia, palacio, monasterio, biblioteca, museo y panteón. Su construcción, dirigida primero por Juan Bautista de Toledo y después por Juan de Herrera, duró más de 20 años. Allí murió aquel severo y extraño monarca en 1598.

DIMENSIONES DEL IMPERIO ESPAÑOL

A partir de la unificación de la Península (1580-1581), Felipe II poseyó:

– en Europa: la Península Ibérica, las islas Baleares, el Rosellón y la Cerdaña en la frontera francesa, el Franco-Condado, los Países Bajos, el Milanesado, Nápoles, Sicilia, Cerdeña y los presidios de Toscana;

– en África: Orán, Melilla, Ceuta y Tánger entre otras plazas, las islas de Canarias, Madeira, Azores y Cabo Verde, territorios en el golfo de Guinea, las islas de Santo Tomé, Príncipe, Fernando Poo (Bioko), Annobón (Pagalu) y Santa Elena, el Congo, Angola, Mozambique, Zambeze, la gran mayoría posesiones de Portugal;

– en Asia: los establecimientos portugueses del golfo Pérsico, de la India (Goa, Cochín y otros), Malaca (Malasia) y Macao (China);

– en Oceanía: las Molucas y Timor de Portugal, las Filipinas de España;

– en América: la posesión portuguesa del Brasil y el inmenso dominio español desde el estrecho de Magallanes hasta California, la Florida y las Antillas.

FELIPE III de España y Portugal (1598-1621), hijo de Felipe II y de su cuarta esposa Ana de Austria.

Durante su reinado continuaron los problemas con Inglaterra hasta la muerte de Isabel I (1603), con Francia hasta la de Enrique IV (1610); con los Países Bajos continuó la guerra hasta la tregua de los Doce Años, que se concertó en 1609, reconociéndose la independencia de las Provincias Unidas de Holanda. A finales de su reinado, Felipe III intervino en la guerra de los Treinta Años (1618-1648) para auxiliar al emperador Fernando II.

El arzobispo de Valencia, Juan de Ribera, que se había esforzado en vano en la conversión de los moriscos, se decidió finalmente a pedir su expulsión (1609); se promulgó el bando con esta orden, y en los años que siguieron, salieron también los de Andalucía, Murcia, Aragón, Cataluña, Extremadura y Castilla (1609-1614), en total, más de 300.000 personas o, quizás, tantas como 500.000.

El principal valido de su reinado fue el duque de Lerma.

FELIPE IV de España (1621-1665).

El primer gran error de su valido, el conde-duque de Olivares, fue no prorrogar la tregua de los Doce Años con los holandeses. En la guerra hispano-holandesa se distinguió Ambrosio de Spínola (genovés), cuya toma de Breda (1625) fue inmortalizada por Velázquez (*Las lanzas*). En 1633 murió Isabel Clara Eugenia (hija de Felipe II), con lo que aquellos territorios revertieron a la Corona española.

Con Inglaterra también se rompieron las buenas relaciones. La guerra de los Treinta Años (1618-1648) resultó nefasta para España; los famosos tercios de Flandes fueron derrotados por los franceses en la batalla de Rocroy (1643). En 1648 se concertó la paz de Westfalia y, poco después, la de Münster, en las que España tuvo que reconocer la independencia de Holanda y también su posesión de las colonias que había conquistado en Asia.

La guerra continuó con Francia hasta que se estipuló la paz de los Pirineos (1659); España tuvo que ceder a Luis XIV de Francia (1643-1715) el Rosellón, la Cerdaña, el Artois, parte de Luxemburgo y algunas plazas de Flandes.

LA SUBLEVACIÓN DE CATALUÑA

En 1640 estalló un motín en Barcelona, provocado por las cuadrillas de payeses segadores que acostumbraban a reunirse en la ciudad el día de Corpus. No se consiguió apaciguar el estallido que degeneró en sublevación. El cardenal Richelieu de Francia aprovechó la ocasión para entrar en contacto con los sublevados, y Cataluña se erigió en república independiente bajo el protectorado de Francia; después reconoció la soberanía de Luis XIII (1617-1643).

Finalmente, un ejército mandado por Juan de Austria, hijo natural de Felipe IV, se apoderó de Barcelona después de un sitio de 15 meses (1652). Felipe IV reconoció los Fueros catalanes y el país se pacificó.

SUBLEVACIÓN DE PORTUGAL

Seis meses después de que tuviera lugar en Cataluña (1640), se inició la sublevación de Portugal.

Para los portugueses, las guerras que España sostuvo contra ingleses y holandeses resultaron muy perjudiciales porque les arrebataron extensas posesiones en Asia e Insulindia (Malaca, Molucas, Sumatra, Java, diversos puertos de la India y Ceylán) y les agredieron en el Brasil.

Algunos motines culminaron en la sublevación que estalló en Lisboa (1640). Los insurgentes proclamaron rey de Portugal al octavo duque de Braganza, que tomó el nombre de Juan IV (1640), obtuvo el apoyo de Francia, Inglaterra y Holanda. Esta independencia la reconoció Carlos II en 1668 (13 de febrero).

Ceuta, conquistada por los portugueses en 1415, quedó unida a España cuando Felipe II accedió a la Corona portuguesa en 1581. Es un recuerdo que nos queda de cuando la Península estuvo unida por última vez.

Las demás sublevaciones, Andalucía (1641), Aragón, Sicilia (1646-1647) y Nápoles (1647) fueron reducidas en poco tiempo.

CARLOS II de España (1665-1700), el Hechizado, tenía cuatro años a la muerte de su padre. Felipe IV, en su testamento, dispuso que quedase regente la reina viuda Mariana de Austria.

Durante su reinado cayó vertiginosamente el crédito español ante el mundo, se perdieron el Franco-Condado y doce plazas de Bélgica que aseguraban la frontera francesa (paz de Nimega, 1678). Luis XIV (1643-1715) se aprovechó todo lo que pudo y supo de la decadencia española; fuimos invadidos y el rey francés llegó a apoderarse de Barcelona; nos la devolvió en la paz de Ryswick (1697).

En 1679, Carlos II se casó con la infanta María Luisa de Orleans, sobrina de Luis XIV y, después, con María Ana de Neoburgo, hija del elector palatino Felipe Guillermo, y hermana de la emperatriz de Alemania; llegó a Madrid en 1690. Como Carlos II no tenía sucesores, pronto se pensó en organizar su sucesión; los dos partidos, el francés y el alemán (o austriaco) llegaron al acuerdo de que los primogénitos renunciaran a la herencia del trono de España: el delfín de Francia renunció a favor de su segundo hijo, Felipe, duque de Anjou, y lo propio hizo el emperador Leopoldo con su segundogénito, Carlos.

El Rey, al que se consideraba hechizado, estaba en un estado deplorable, pero reaccionó cuando se enteró de que las grandes potencias habían firmado otro tratado de partición de los dominios españoles en Londres (1700); Carlos II, fortificado con la opinión del papa Inocencio XI, favorable a Francia, y convencido de que Luis XIV podría conservar la integridad del imperio hispánico, prescindió de su hostilidad hacia los Borbones y a todo lo francés, y otorgó testamento nombrando heredero a Felipe de Anjou, nieto de su hermana María Teresa y de Luis XIV (3 de octubre de 1700); poco después murió.

En 1700, España poseía todavía su imperio casi intacto: Nápoles, Sicilia, Cerdeña, el Milanesado, las ciudades costeras toscanas, Flandes, y las colonias del Nuevo Mundo, salvo Jamaica y algunas de las Pequeñas Antillas.

EL SIGLO DE ORO

¡Un siglo que casi alcanzó los doscientos años!

El Siglo de Oro de la civilización española fue un proceso de florecimiento y no un estallido repentino; el s. XV lo preparó, mediante progresos de la lengua, el desarrollo de los géneros literarios originales y los refinamientos del arte plateresco (Vilar, 1974).

Isabel I la Católica buscó el concurso de sabios, favoreció la importación de libros de estudio y la imprenta, y dio gran impulso a la Universidad de Salamanca (tenía setenta cátedras), y el cardenal Cisneros fundó la de Alcalá (Vilar, 1974). Es bien conocida la difusión que tuvo la Prerreforma española y el humanismo de Luis Vives.

Vivaz y diverso, el Siglo de Oro no sirvió de expresión solamente a grupos reducidos, sino a la sensibilidad general de la nación. En las creaciones estuvieron presentes el acento medieval, el nacional y el popular. En otros campos, el Siglo de Oro también brilló por los técnicos, economistas, médicos, astrónomos, botánicos, filólogos como Nebrija y Arias Montano, historiadores como Zurita o Mariana, que se sucedieron desde mediados del s. XV a mediados del XVII, con un máximo de actividad intelectual hacia 1580. Sobre el fundamento de los poderes y del derecho de gentes estuvieron las obras de un Suárez y de un Vitoria (Vilar, 1974).

La propia literatura no estuvo exenta de sutilidad intelectual, sobre todo en el s. XVII, en la que la pasión y la amargura de Quevedo, la mística de Calderón y la sensibilidad poética de Góngora tomaron un giro cerebral. Y, sin embargo, jamás las especulaciones de una élite reducida ahogaron, en España, la vitalidad popular en materia de arte (Vilar, 1974).

La espiritualidad del Siglo de Oro se manifiesta en las obras, tan difundidas, de fray Luis de Granada, y puede que aún más en las de aquellos escultores en madera policromada discípulos de Berruguete, generalmente barrocos, a veces bruscamente clásicos, y en las de sus imitadores, los maestros de los pasos de procesión. El teatro mezcló, sobre todo con Lope de Vega, el puro lirismo, la intriga culta o convencional, las afirmaciones doctrinales, religiosas y patrióticas, a veces casi revolucionarias, cuando los desenlaces clásicos de *Fuenteovejuna* o de *Peribáñez* exaltaron la resistencia a la tiranía (Vilar, 1974).

La vida de Cervantes es una síntesis española: soldado en Lepanto, cautivo de moros, liberado por una cofradía, funcionario más o menos escrupuloso del rey, católico fiel, pero de dudoso conformismo (puesto que también era hijo del Renacimiento), meditó sobre su país y su tiempo. Quijote-Sancho, sus oposiciones adquieren vida: idea-realidad, individuo-sociedad concreta. Don Quijote busca soluciones medievales en un mundo moderno: cruzada, aventura, mística de un mundo hecho por las armas y poetizado por el espíritu. Cervantes está en el corazón de España (Vilar, 1974).

También Velázquez fue capaz de reflejar la corte (retratos) y el pueblo (*Las hilanderas*, *Los borrachos*, *Los herreros de la fragua*, *Los mendigos*). Su obra también es capaz de reflejar y expresar la historia, sin ningún sistema, pero con perfecta lucidez. La España de Velázquez, tan cerca de su decadencia, era todavía prestigiosa; inspiró al "gran siglo" francés (Vilar, 1974).

"Hacia 1650, el castellano era la lengua noble en todas partes. Tuvo que pasar mucho tiempo para que los nuevos ricos, que fueron Inglaterra, Países Bajos y la misma Francia, perdonaran esa superioridad" (Vilar, 1974: 60).

LA LITERATURA

Durante los ss. XV, XVI y la mayor parte del XVII, la literatura alcanzó una plenitud y pujanza difíciles de igualar.

– Lírica: Juan BOSCÁN, Garcilaso de la VEGA, fray Luis de LEÓN, San Juan de la CRUZ, Fernando de HERRERA, Rodrigo CARO, Luis de GÓNGORA.

– Épica: Alonso de ERCILLA.

– Novela picaresca (realista, pero no naturalista): *El lazarillo de Tormes* (anónimo), Mateo ALEMÁN, Miguel de CERVANTES SAAVEDRA, Vicente ESPINEL, Luis VÉLEZ DE GUEVARA, Francisco QUEVEDO y VILLEGAS.

– Gran novela: Fernando de ROJAS, Miguel de CERVANTES.

– Teatro (representa la expresión literaria de la vida colectiva española): Félix Lope de VEGA y CARPIO –con no menos de 350 piezas teatrales– (en su tiempo comenzaron a aparecer los teatros permanentes, Valladolid en 1557, Madrid en 1579), fray Gabriel TÉLLEZ, llamado Tirso de MOLINA, Juan RUIZ de ALARCÓN, Pedro CALDERÓN de la BARCA, Francisco ROJAS ZORRILLA, Agustín MORETO.

– Historia: Jerónimo de ZURITA, el padre Juan de MARIANA.

– Historiadores de Indias: dejaron escritos Cristóbal COLÓN, Hernán CORTÉS y soldados como: Bernal DÍAZ del CASTILLO, Gonzalo FERNÁNDEZ de OVIEDO, LÓPEZ de GOMARA, fray Bartolomé de LAS CASAS (su libelo *Brevísima relación de la destrucción de las Indias* alimentó la Leyenda negra).

– Escritores ascéticos: fray Luis de GRANADA, fray Luis de LEÓN.

– Escritores místicos: Santo Tomás de VILLANUEVA, Santa Teresa de JESÚS, San Juan de la CRUZ.

– Escritores didácticos (ensayistas, pensadores): Francisco QUEVEDO, Diego de SAAVEDRA FAJARDO, Baltasar GRACIÁN.

– Filósofos y teólogos: Juan Luis VIVES, Francisco de VITORIA, Melchor CANO, fray Domingo de SOTO, padre Francisco SUÁREZ.

No faltaron figuras de renombre en derecho internacional, derecho político, derecho indiano, cartografía, astronomía, geografía, latinistas, arabistas, hebraístas, matemáticos, ciencias naturales, física, química, metalurgia, medicina. Citemos a Miguel SERVET, que se dedicó a la medicina, teología, jurisprudencia, matemáticas, astronomía, geografía, meteorología.

LA ARQUITECTURA

El estilo Isabel (1475-1525), es una fusión del gótico con el arte mudéjar: San Pablo y San Gregorio (Valladolid), Casa de las Conchas (Salamanca), San Juan de los Reyes (Toledo), San Jerónimo el Real (Madrid).

El Renacimiento: Alcázar de los Vélez (Vélez Blanco, Almería), el castillo de la Calahorra (Granada).

Mezcla del Renacimiento con el estilo Isabel: Hospital de Santa Cruz de Mendoza (Toledo), palacio de Cogolludo (Guadalajara).

El Plateresco –así llamado por su parecido con el estilo de los plateros que labraban custodias– representa un sistema decorativo y ornamental: las fachadas, la principal de la Universidad de Salamanca, de las Escuelas Menores (Salamanca), de la Universidad de Alcalá, de San Marcos de León, etc.

Una reacción contra la excesiva decoración plateresca: Diego de SILOE, que trabajó en la catedral y en el Hospital Real, ambos en Granada; Alonso de COVARRUBIAS, que lo hizo en el Alcázar de Toledo; Luis de VEGA (palacete del Pardo), Francisco VILLALPANDO (Alcázar de Toledo); Andrés de VANDAELVIRA, cuyas obras principales están en Úbeda, Baeza y en la catedral de Jaén.

Una tendencia más austera, depurada y ligada a la tradición clásica que sirvió de precedente al estilo Herreriano: Pedro MACHUCA, autor del palacio de Carlos V en Granada, continuado por su hijo y por otros arquitectos y nunca terminado.

El estilo Herreriano: creado por Juan de HERRERA (1536-1597); su obra cumbre es el monasterio de El Escorial, que Felipe II mandó construir, es a la vez palacio, monasterio, templo, panteón. A Herrera se le deben otras construcciones, como la fachada sur del Alcázar de Toledo, la catedral de Valladolid, la lonja de Sevilla, etc.

El Barroco: en arquitectura busca una expresión que rompa con la serenidad clásica: líneas movidas, empleo de elementos naturalistas, la decoración tiende a recargarse. Esta estética se advierte a partir de Herrera, Juan GÓMEZ de MORA (Ayuntamiento y plaza Mayor de Madrid, s. XVII), Alonso CANO y el hermano Francisco BAUTISTA, para culminar en la familia CHURRIGUERA (creadores del churriguerismo, s. XVIII).

En el barroco central, que se enlaza con el s. XVIII, hay cuatro figuras destacadas: José y Alberto CHURRIGUERA, Pedro RIBERA (portada del Hospicio de Madrid, 1722) y Narciso TOMÉ. A Alberto Churriguera se le debe la bellísima plaza Mayor de Salamanca (1728).

La figura del barroco granadino fue Alonso CANO, en Granada trabajó en la iglesia de la Magdalena y en la catedral; en Sevilla, la familia de los FIGUEROA fueron los autores del palacio de San Telmo, de las iglesias del Salvador, de San Jacinto. El barroco andaluz llegó a su colmo en Granada con Luis ARÉVALO, autor de la sacristía de la Cartuja.

En Galicia, Fernando CASAS y NOVOA (la gran fachada del Obradoiro de la catedral de Santiago); en Aragón, Francisco de HERRERA el Mozo (basílica del Pilar de Zaragoza, 1681).

El resumen de todo el barroco español, de sus influencias italianas y francesas, lo representa Ventura RODRÍGUEZ, que trabajó al lado de SACCHETTI en el palacio Real de Madrid.

LA ESCULTURA

En un primer momento se observan influencias alemanas, flamencas o francesas: el gran retablo de la Cartuja de Miraflores (Burgos), de Gil de SILOE, y muchas otras obras. Bartolomé ORDOÑEZ, autor del mausoleo de Felipe el Hermoso y Juana la Loca (catedral de Granada), de la tumba del cardenal Cisneros (Alcalá de Henares). Alonso BERRUGUETE, pintor, escultor y arquitecto, dejó sus principales obras en Valladolid y Toledo. Juan de JUNI, representó la transición al barroco. Los LEONI, padre e hijo, trabajaron para Carlos V y Felipe II.

El barroco, en escultura, se caracterizó por el naturalismo impregnado de sentimiento religioso: Juan MARTÍNEZ MONTAÑES trabajó en Sevilla, Alonso CANO en Granada y Madrid, Gregorio HERNÁNDEZ en Valladolid, Alonso y Pedro de MENA, ambos en Granada.

LA PINTURA

Pedro BERRUGUETE (h. 1450-1504) fue el pintor renacentista más importante.

Las corrientes italianizantes caracterizaron el s. XVI, después apareció la auténtica pintura española, que se orientó hacia el naturalismo.

En Valencia, no se puede dejar de mencionar a los italianizantes Juan Vicente MASIP y su hijo Juan de JUANES, o a Juan FERNÁNDEZ de NAVARRETE, el Mudo, que trabajó en El Escorial.

Tuvieron gran relieve una serie de retratistas de corte que siguieron las huellas del maestro holandés Antonio MORO, que estuvo al servicio de Carlos V y de Felipe II, entre ellos, Alonso SÁNCHEZ COELLO y Juan PANTOJA de la CRUZ.

La pintura española buscó ofrecer la verdad, terrible a veces, con escasísima mitología, casi ningún desnudo y predominio casi absoluto del tema religioso. El lenguaje místico también poseyó su correspondencia en el arte: un griego hispanizado, el GRECO (Doménikos Theotokópoulos, 1541-1614), compuso en Toledo una síntesis del hieratismo de los bizantinos, de las últimas audacias del Tintoretto y de la exaltación castellana. Su ciencia de las formas puras hizo de él uno de los maestros del arte actual. Es el Greco quien, en pintura, dio la señal del Siglo de Oro (Vilar, 1974): *El expolio*, *San Sebastián*, *San Mauricio*, *El entierro del conde de Orgaz*, *El caballero de la mano en el pecho*, etc.

Durante los primeros 25 o 30 años del s. XVII, la pintura atravesó por cierto *tenebrismo*, como en la primera época de José RIBERA (1565-1628).

En Sevilla: Francisco PACHECO (1564-1644), en cuya escuela se formaron Alonso CANO (1601-1667), Francisco de ZURBARÁN (1598-1664) y VELÁZQUEZ, Juan de VALDÉS LEAL (1622-1690), Bartolomé Esteban MURILLO (1618-1682). Murillo es la antítesis de Zurbarán, encarna la suavidad, la ternura, la gracia, la devoción ingenua y piadosa (sus *Inmaculadas*, etc.).

Diego RODRÍGUEZ de SILVA y VELÁZQUEZ (1599-1660), nacido en Sevilla y alumno de Pacheco desde los once años. En su pintura no hay convencionalismos de escuela, nada de embellecer la realidad, rompe con el clasicismo del s. XVI; Velázquez, observador sereno de la realidad, copia tal y como se le presenta a su vista, sin atenuaciones ni falseamientos: *Los borrachos*, los retratos ecuestres del *Conde-duque de Olivares*, *Felipe IV*, el *Príncipe Baltasar Carlos*, *Las lanzas* (que representa la rendición de Breda a Spínola), los retratos de bufones, los infantes y las infantas, *La fragua de Vulcano*, *La Venus del espejo*, *Las meninas*, *Las hilanderas*, etc.

A la escuela madrileña, cuyo genio fue Velázquez, pertenecieron Juan Bautista MARTÍNEZ del MAZO, Juan de PAREJA, Juan CARREÑO de MIRANDA y Claudio COELLO.

LA CERÁMICA

La cerámica, que tuvo tan ilustres precedentes medievales, prosiguió floreciente en Sevilla, Córdoba y Toledo. El centro más importante de cerámica barroca fue Talavera (Toledo), también Alcora (Castellón), Paterna y Manises (Valencia).

LA MÚSICA

Es conocida la afición de Isabel la Católica por la música, en la corte había músicos asalariados. Carlos V y Felipe II tuvieron capilla flamenca y española, y en sus diversas catedrales se hicieron famosos cantores y maestros. En el s. XVII, la polifonía estuvo muy influenciada por la música italiana.

LOS DESCUBRIMIENTOS Y EL IMPERIO COLONIAL

ÉPOCA DE LOS REYES CATÓLICOS

Cristóbal COLÓN (Génova?, 1451-Valladolid, 1506): pudo ser genovés, catalán, mallorquín o gallego, y seguramente de origen semita por las pocas y muy vagas noticias que dio sobre sí mismo (Igual Úbeda, 1956).

En los tiempos en que Colón proyectó su viaje, la teoría de la forma esférica de la Tierra estaba bastante aceptada en ciertos círculos. Por ejemplo, mucho antes de que se materializara su empresa, en 1437, Diego de SEVILLA había encontrado las islas Azores cuando iba en busca de tierras e islas que debían estar al Oeste del Océano (Voltes, 1992).

Sin embargo, su proyecto sufrió numerosas negativas; desde 1476 se encontraba en Portugal, pero Juan II rechazó la empresa. Disgustado, Colón marchó a España en 1484 o 1485; se estaba descorazonando cuando, de modo imprevisto, las intervenciones de los monjes del monasterio franciscano de La Rábida le ayudaron (Igual Úbeda, 1956).

Finalmente, pudo entrevistarse con los Reyes Católicos en 1486, pero la resolución no llegó hasta 1490. Los pareceres no eran favorables para Colón porque no se creía que las tierras occidentales estuvieran tan próximas como lo suponía Colón, que se basaba en la obra de Toscanelli; por otra parte, los Reyes Católicos sólo podían pensar en la financiación de la guerra de Granada y, además, las condiciones y exigencias de Colón eran desmedidas.

A fines de 1491 se hallaba en el Real de Santa Fe, durante el asedio de Granada; las Capitulaciones de Santa Fe se firmaron en abril de 1492, y el banquero valenciano Luis de Santángel iba a adelantar la suma de 140.000 maravedís. En mayo partió de Granada hacia Palos de la Frontera (Huelva) y allí, siempre con la ayuda de fray Juan Pérez, finalmente consiguió: dos carabelas, la Pinta y la Niña, mandadas por los armadores, los hermanos Martín Alonso y Vicente Yáñez PINZÓN, una nao llamada Santa María, propiedad del cartógrafo Juan de la Cosa, que comandaría el almirante Colón, y una tripulación de aproximadamente 120 hombres.

Salieron de Palos el viernes 3 de agosto de 1492 con rumbo a las Canarias; después de algunos días, el viernes 6 de septiembre, partieron de La Gomera en dirección al Occidente. Sin que se llegara al motín, las inquietudes crecían a medida que pasaban las semanas y los días. A las dos de la madrugada del viernes 12 de octubre, a bordo de la Pinta, que era la más velera e iba delante, un mastelero, Rodrigo de Triana (Juan Rodríguez Bermejo), divisó la primera tierra americana. Se trataba de una isla perteneciente al archipiélago de las Lucayas (las Bahamas), a la que Colón dio el nombre de San Salvador y que los indígenas llamaban Guanahaní.

En los días siguientes descubrió otras islas y el 28 de octubre llegó a las costas de Cuba, que denominó Juana. De allí pasó a Haití que llamó La Española.

Se quedaron en la isla Española, en el fuerte y villa de Navidad (en la costa norte de Haití), 39 o 38 hombres bajo el mando de Diego de Arana, de Córdoba, un pariente de su amante Beatriz Enríquez.

Embarcado Colón en la Pinta, que comandaba Martín Alonso Pinzón, pues la Santa María había embarrancado en las costas de La Española, se inició el regreso a España el viernes 4 de enero de 1493; pero fue el 16 en que abandonaron la costa y, esta vez, Colón iba en la Niña. El 18 de febrero llegó a Santa María, una isla de las Azores; el 4 de marzo llegó a Lisboa donde se entrevistó con Juan II. El 15 de marzo de 1493, la Niña llegó a Palos. Martín Alonso Pinzón arribó a Palos el mismo día que Colón, después de haber tocado el puerto de Bayona (cerca de Vigo), donde escribió a los Reyes Católicos. Desde Palos, Colón marchó a Barcelona para ser recibido por los Reyes.

La noticia del descubrimiento cundió con gran rapidez. A partir de este momento, se presentó un aluvión de solicitudes, no sólo de aventureros, soldados, artesanos y campesinos, sino de cartógrafos, navegantes, historiadores y monjes que querían hacer el viaje. Todos creían que tenían algo importante que hacer en aquel Nuevo Mundo: descubrir nuevas tierras, conquistarlas, describirlas, cultivarlas, enriquecerse, cristianizarlas (Igual Úbeda, 1956).

Fernando el Católico solicitó del papa Alejandro VI (Borja) una bula que reconociera los derechos de España. La bula de 1493 fijó una línea a 100 leguas al oeste de las islas Azores; esta divisoria no convenció a Juan II (1455-1495). Después de laboriosas negociaciones se estipuló el Tratado de Tordesillas (1494) que trasladó la línea divisoria a 370 leguas al oeste de las islas de Cabo Verde, con lo cual quedó dentro de la zona portuguesa el territorio del Brasil.

Por aquella época de las negociaciones, los Reyes Católicos consiguieron el dominio de las islas Canarias.

SEGUNDO VIAJE (1493-1496)

Se organizó una empresa de gran envergadura; 17 buques y 1.500 hombres (incluyendo 12 eclesiásticos) salieron de Cádiz en septiembre de 1493. En noviembre llegaron a las islas de Dominica, Marigalante, Guadalupe, Puerto Rico y La Española.

El fuerte de Navidad había sido destruido y sus defensores habían muerto; Colón abandonó aquel lugar y fundó la ciudad de Isabela (en la costa norte de la República Dominicana), de la que hoy sólo quedan ruinas; después fundó Santo Tomás. Bartolomé Colón, hermano de Cristóbal, fundó Santo Domingo en 1496. Colón recorrió la costa meridional de la isla Juana (Cuba) y decidió que esta isla era el continente; también descubrió la de Santiago (Jamaica).

En este viaje se introdujeron, en América, gallinas, palomas, patos, perros, gatos, vacas, toros, caballos, asnos, mulos, cabras, ovejas, trigo, arroz, garbanzos, naranjos, azafrán, vid, centeno, caña de azúcar... (Voltes, 1992).

Colón egresó a Cádiz (1496) con la Santa Cruz, una de las dos primeras naves construidas en el Nuevo Mundo.

TERCER VIAJE (1498-1500)

Esta expedición estaba constituida por seis buques y más de 200 personas (muchos eran gentes de mal vivir y penados); salió de Sanlúcar de Barrameda, llegó a la isla de Trinidad y a las bocas del río Orinoco, descubriéndose así el continente sudamericano, se le bautizó con el nombre de Tierra de Gracia (1498).

En La Española reinaba la anarquía y el juez enviado por los Reyes, Francisco de Bobadilla, aprisionó a los hermanos Colón (Cristóbal, Bartolomé y Diego) y los mandó a España.

CUARTO VIAJE (1502-1504)

Cristóbal Colón, su hermano Bartolomé y su hijo natural Hernando salieron de Cádiz con cuatro embarcaciones en 1502. Recorrieron las costas de Honduras, Nicaragua, Costa Rica y Panamá, y regresaron a España en 1504.

Colón murió en Valladolid en 1506 sin saber o creerse que había descubierto el Nuevo Mundo, siempre quiso pensar que había llegado a Cipango (o Cathay). A Colón se le deben, además, los descubrimientos de la declinación de la aguja magnética, del mar de los Sargazos, de los vientos alisios y de la corriente del Golfo (Voltes, 1992).

Alonso de OJEDA y Juan de la COSA, en 1499, también llegaron al continente sudamericano, recorrieron las costas de la Guayana y de Venezuela. En este viaje estaba el florentino Américo VESPUCIO. Juan de la Cosa elaboró el primer mapa del Nuevo Mundo (1500).

El genovés Juan CABOT, con sus tres hijos y al servicio de Inglaterra, llegó en dos ocasiones (1497 y 1498) a las costas de Norteamérica.

Vicente Yáñez PINZÓN, en 1500, arribó a las costas del Brasil, un poco antes que CABRAL, y descubrió el río Amazonas.

En el año 1500, Pedro ÁLVARES CABRAL, al servicio del rey Manuel I el Afortunado de Portugal (1495-1521), alcanzó las costas del Brasil donde fundó una colonia.

ÉPOCA DE LOS REYES CATÓLICOS

En 1507, Martín WALTZEMÜLLER publicó su cosmografía y propuso que al Nuevo Mundo se le diese el nombre de América, por Américo Vespucio (florentino al servicio de la Casa de la Contratación de Sevilla), porque creía que había llegado al continente americano en 1497, cosa inexacta. El nombre hizo fortuna. En todo caso, Vespucio fue el primero en darse cuenta de la existencia de un continente nuevo interpuesto entre Europa y Asia.

Vasco NUÑEZ de BALBOA atravesó el istmo de Panamá y descubrió el océano Pacífico (1513), él lo denominó mar del Sur.

También en el año 1513, salió de Puerto Rico una expedición mandada por su gobernador Juan PONCE de LEÓN, quien después de tocar en algunas islas Bahamas, llegó a una tierra cubierta de una vegetación exuberante, que por ello y por ser el tiempo de Pascua recibió el nombre de Florida.

Juan DÍAZ de SOLÍS buscó, en 1515, un paso que permitiera llegar al mar del Sur; recorrió la costa del Brasil y entró en el río de la Plata. Allí murió a manos de los indios, el resto de la expedición regresó en 1516.

Diego VELÁZQUEZ, en 1515, fundó San Cristóbal de la Habana; en 1519, debido a que la zona era insalubre, se trasladó su emplazamiento a la costa norte.

ÉPOCA DE CARLOS V

Fernando de MAGALLANES

Nació, probablemente, en Oporto, hacia el año 1480. Concibió su proyecto de un viaje alrededor del mundo con el astrónomo Rui Faleiro y se lo ofreció al rey Carlos de España en 1516. La expedición fue aprobada en 1518 y se hizo a la mar el 20 de septiembre de 1519 desde Sanlúcar de Barrameda; consistía en cinco naves y 265 hombres.

Después de recorrer todos los estuarios, ensenadas y bahías de la costa sudamericana, el 21 de octubre de 1520 dio vista al cabo de las Vírgenes, detrás del cual se abre el estrecho que comunica los dos mares y que recibió su nombre. El 28 de noviembre se internó con sólo tres naves en el mar Pacífico, al que llamaron así por su absoluta calma.

El relato lo escribió el italiano Pigafetta, que iba en la Trinidad, la nave mandada por Magallanes.

Después de innumerables penalidades avistaron las islas Marianas (6 de marzo de 1521), después la isla de Guam, y luego el archipiélago filipino. En la isla de Mactán (entre las de Cebú y de Bohol), murió Magallanes a manos de los indígenas filipinos (1521).

Con dos naves (Trinidad y Victoria), Juan de Carvalho recorrió el mar de Joló o Sulú y se hicieron escalas en Mindanao, Borneo, y otras islas. Destituido Carvalho, Gómez de Espinosa quedó al cargo de la Trinidad y Juan Sebastián ELCANO (de Guetaria, Guipúzcoa) al mando de la Victoria. Finalmente llegaron a la isla de Tidore, del archipiélago de las Especias (las Molucas), el 8 de noviembre de 1521.

La Victoria salió de Tidore el 21 de diciembre hacia España. La Trinidad se quedó para hacer reparaciones y, posteriormente, fue apresado por los portugueses. Se hizo escala en Timor y, desviándose de las rutas frecuentadas por los portugueses, se inició el viaje de ocho meses a través del océano Índico y del Atlántico para llegar a Sanlúcar de Barrameda el 7 de septiembre de 1522. De 265 hombres, quedaban 18 y una nave.

Juan Sebastián Elcano comunicó al Emperador la noticia y fue recibido y agasajado.

Alonso de PINEDA, enviado por el gobernador de Jamaica, Francisco de Garay, exploró las costas del golfo de México desde la Florida hasta Tampico (México, 1519).

LA CONQUISTA DE MÉXICO

Una de las expediciones preparatorias fue la organizada por Diego Velázquez, gobernador de Cuba, 1518: 200 hombres en cuatro naves y al mando de Juan de GRIJALBA, se llegó a la isla de Cozumel, al Yucatán, Ulúa, Campeche y otras comarcas.

Hernán CORTÉS

Nació en Medellín (Badajoz) en el año 1485 y a los 19 años se trasladó a La Española. En 1511 tomó parte en la conquista de Cuba, realizada por Diego VELÁZQUEZ de CUELLAR. Cuando Velázquez organizó una nueva expedición, se la confió a Cortés, pero al poco tiempo revocó los poderes que le había confiado.

Sin embargo, Cortés emprendió el viaje (18 de febrero de 1519) con una flota de once naves que llevaban 508 soldados, 32 ballesteros, 13 escopeteros, 16 jinetes y 100 marineros, con una servidumbre de 200 indios y algunos negros, transportando también 16 caballos, 10 cañones de bronce, 4 falconetes (pequeñas piezas de artillería), gran cantidad de quincallería y ropas para intercambiar con los indios. Los primeros relatos se deben a Bernal DÍAZ del CASTILLO.

Fondearon en la isla de Cozumel donde rescataron a un náufrago de la expedición de Diego de NICUESA (1511), Jerónimo de Aguilar, que sirvió de intérprete a Cortés. En Yucatán, y junto al río Tabasco, Cortés venció a los mayas y recibió, entre otras 20 indias que se repartieron los españoles, a la famosa Marina, hija de un cacique azteca y esclava de los tabasqueños, que por conocer la lengua náhuatl o azteca le fue de gran utilidad. Pasaron luego a San Juan de Ulúa, donde Cortés recibió a los emisarios aztecas que le ofrecieron paz y amistad y le obsequiaron con riquísimos presentes. Para contrarrestar las intrigas de los partidarios de Velázquez, Cortés se hizo nombrar justicia mayor y capitán general, mientras el Emperador no dispusiese otra cosa.

Cortés fundó la ciudad de Veracruz, hizo destruir las naves y, aliado con los pueblos totonecas, emprendió la marcha hacia la meseta del Anáhuac donde se asentaba México, centro de la poderosa confederación azteca. Venció a los tlaxcaltecas, que se convirtieron en aliados suyos; hizo una matanza en Cholula y, por fin, entró en Tenochtitlán (México) donde fue recibido y obsequiado por Moctezuma.

Desconfiando de los propósitos del soberano azteca, decidió apoderarse de él y, a continuación, Cortés dejó una guarnición en la ciudad y salió a combatir a Pánfilo de Narváez, que había sido enviado por Velázquez con 19 naves y 1.400 hombres para castigarle por haberle desobedecido (1520).

Derrotado Narváez, y engrosado su ejército con las fuerzas de su rival, Cortés regresó a Tenochtitlán; pero los naturales se habían sublevado contra los españoles y Cortés tuvo que abandonar la ciudad con grandes pérdidas (retirada de la Noche Triste, 1 de julio de 1520). Reorganizadas sus tropas y reforzadas con nuevos contingentes llegados de las Antillas, Cortés venció a los aztecas en Otumba. Después de un prolongado asedio volvió a entrar en la capital (1521).

En los años siguientes, impulsó la conquista y la colonización del territorio que se llamó Nueva España. En 1522, Carlos V le nombró gobernador y capitán general de esta Nueva España. Años más tarde (1528), cuando regresó a España, el Emperador le concedió el título de marqués del Valle de Oaxaca (1529); al regresar a México, se instaló en Cuernavaca (1530).

En 1541, Cortés acompañó a Carlos V en la desastrosa campaña de Argel y, en 1547, falleció en Castilleja de la Cuesta (Sevilla), a los 63 años, habiendo ordenado que trasladasen sus restos a Nueva España.

Alvar NÚÑEZ CABEZA DE VACA: en 1527 partió hacia Florida para seguir luego por las tierras de río Grande hasta California; después regresó a la ciudad de México.

Fray MARCOS, acompañado por el africano Esteban, llegó por Arizona hasta la región actual de los pueblos zuñi o zuni (indios Pueblo, de Arizona y Nuevo México).

Francisco VÁZQUEZ de CORONADO organizó un viaje de exploración (1538) en el que recorrió el valle del río Grande (Nuevo México), descubrió el Gran Cañón del Colorado (Arizona) y su itinerario también incluyó Kansas, Oklahoma y Texas.

Hernando de SOTO desembarcó (1539) en la bahía de Tampa (costa occidental de Florida) y recorrió los actuales estados de Florida, Georgia, Carolina, Alabama, Mississippi y Arkansas.

Ruy LÓPEZ de VILLALOBOS, en 1542, desde Nueva España llegó hasta las Filipinas; descubrió muchas islas de Micronesia y Nueva Guinea. Dio el nombre al archipiélago de las Carolinas, por el Emperador, y el de Filipinas por el príncipe heredero (Igual Úbeda, 1956).

CONQUISTAS EN AMÉRICA CENTRAL

Cruzado el istmo de Panamá y descubierto el Pacífico (mar del Sur) por el extremeño Vasco NÚÑEZ de BALBOA en 1513, la ciudad de Panamá fue fundada por el gobernador de Tierra Firme o Castilla de Oro (nombre con el que se conoció la zona de Panamá), Pedro ARIAS de ÁVILA (o Pedrarias Dávila), en 1519. De allí partieron numerosas expediciones, tales como las comandadas por Gil GONZÁLEZ DÁVILA (regiones de Nicaragua y Honduras) y HERNÁNDEZ de CÓRDOBA, fundador de la ciudad de León (Nicaragua) en 1523, que fue la primera capital del país.

De México salieron las expediciones de Cristóbal de OLID a los territorios de Honduras, de Pedro de ALVARADO, que llevó a cabo las conquistas de Guatemala y de El Salvador, y fundó sus respectivas capitales en 1524: Santiago de los Caballeros y San Salvador, ambas pasaron por sucesivos cambios de emplazamiento.

CONQUISTAS EN AMÉRICA DEL SUR

VENEZUELA

Los territorios correspondientes a la actual Venezuela (una parte era Nueva Andalucía), explorados ya en su parte costera desde los tiempos de Alonso de OJEDA y de Cristóbal COLÓN, se concedieron por Carlos V, para su colonización, a banqueros alemanes. Pero la colonización alemana no llegó a arraigar y el territorio volvió a la corona española. La exploración del Orinoco se debió a Diego de ORDAZ, que entró por una de sus bocas y llegó hasta su confluencia con el Meta (1531).

NUEVA GRANADA

Comprendía mucho más que la Colombia actual. Rodrigo de BASTIDAS recorrió la región de Santa Marta; Pedro de HEREDIA fundó Cartagena de Indias sobre el puerto de Calamari (1533). Gonzalo JIMÉNEZ de QUESADA penetró en el territorio de los chibchas y de los muiscas y fundó Santa Fe de Bogotá en 1538.

PERÚ

Francisco PIZARRO

Nació en Trujillo (Cáceres), se crió en casa de su abuelo paterno y sirvió a las órdenes del Gran Capitán en Italia. No sabía leer ni escribir y eran sus secretarios los que firmaban en su nombre. En 1502 se trasladó a las Indias, donde adquirió fama de buen soldado en la pacificación de la isla Española o de Santo Domingo. Posteriormente estuvo con Alonso de Ojeda, con Balboa y Pedrarias Dávila. Luego se estableció en Panamá.

Los comienzos de lo que iba a ser la conquista de Perú no fueron nada fáciles (1524-1530) para él y sus socios, Diego de ALMAGRO y el sacerdote Hernando de LUQUE; los sucesivos intentos no llegaron a fructificar realmente. En 1528, Pizarro regresó a España, obtuvo las capitulaciones de Carlos V (1529) y se volvió a América, acompañado de sus hermanos, Hernando, Juan (ilegítimo como él), Gonzalo (también hijo natural) y Martín de ALCÁNTARA (hermano de madre). Este mismo año se inició la expedición definitiva; salieron de Panamá 185 hombres en tres naves. Almagro permaneció en Panamá para organizar refuerzos.

Pizarro desembarcó en Túmbez (Perú), y sin esperar los socorros de Almagro se internó en el Perú, al cabo de casi dos meses llegó a Cajamarca, donde sabía que se hallaba el emperador Atahualpa. Éste, que acababa de vencer a su hermano Huáscar, legítimo soberano, dejó que los españoles entrasen en la ciudad con la intención probable de prepararles una emboscada. Pizarro preparó una traición a Atahualpa y le tomó prisionero (1532); el rescate consistía en llenar de oro y plata la habitación en la que el Emperador estaba recluido.

En 1533 llegó Almagro y pocos meses después el inca fue juzgado y condenado a muerte. Hernando Pizarro regresó a España con los quintos reales del botín y quedó dispuesto que del territorio descubierto al río San Juan fueran 270 leguas (Nueva Castilla) para Pizarro y las 200 siguientes (Nueva Toledo) para Almagro. Éste marchó a los territorios de Bolivia y Chile (1535).

En 1534, Sebastián de BENALCÁZAR fundó, sobre la ciudad incaica que allí existía, la capital de Ecuador, con el nombre de San Francisco de Quito.

Francisco Pizarro, por su parte, fundó Lima (1535), que se llamó Ciudad de los Reyes, e impulsó la colonización del territorio, pero la sublevación de Manco Inca, que puso sitio a Cuzco (1536), hizo peligrar la dominación española. Almagro, que regresó fracasado de su expedición a Chile, derrotó a las tropas del inca, entró en Cuzco y se apoderó de ella (1537). Entonces estalló la guerra civil (guerra de las Salinas) porque Pizarro consideraba que esta ciudad le pertenecía. Almagro fue ejecutado en 1538.

En los años sucesivos, Pizarro prosiguió su labor de colonización y envió diversas expediciones descubridoras al Amazonas (Gonzalo Pizarro), a Chile (Pedro de VALDIVIA), etc. En 1541, Diego Almagro el Mozo, hijo del conquistador, organizó una conjura y Francisco Pizarro fue asesinado.

En 1541, Gonzalo PIZARRO –que había sido nombrado por su hermano gobernador de Quito– organizó una expedición para descubrir el "País de la Canela" en la cuenca del Amazonas. Llegados a río Coca, Pizarro dispuso la construcción de un bergantín y se recorrieron 200 leguas; a partir de allí, Francisco de ORELLANA continuó solo con 70 hombres (57 eran españoles según la relación de Carvajal). La corriente era tan rápida que en tres días llegaron a la confluencia del Coca con el Napo y los expedicionarios comprendieron que el regreso era imposible.

Cuando llegaron al Amazonas construyeron otro bergantín y continuaron el viaje hasta el Atlántico; bordearon el Brasil y la Guayana hasta llegar, ambos bergantines, a la isla de Cubagua (de Venezuela), donde desembarcaron (1542) después de haber recorrido más de 1800 leguas.

CHILE

Pedro de VALDIVIA

Era natural del valle de la Serena (Badajoz); en 1535 decidió pasar al Nuevo Mundo y se unió a Francisco Pizarro tras una estancia en Venezuela. Después del fracaso de Almagro en Chile y de su derrota en la batalla de las Salinas, Pizarro autorizó a Valdivia para que intentara conquistar aquel territorio. Salió de Cuzco en 1540, con 150 españoles y 1.000 indios de carga.

Pasaron once meses interminables, a través de Arequipa, Moquegua, Tacna, Tarapacá y del tremendo desierto de Atacama, hasta llegar al valle del Mapocho donde Valdivia mostró su decisión inquebrantable de mantenerse allí fundando, en 1541, la ciudad de Santiago del Nuevo Extremo, cabeza de la Nueva Extremadura; fue nombrado gobernador y capitán general del territorio.

Durante el mismo año, la incipiente ciudad fue destruida por los indios, Valdivia la reconstruyó y resistió todos los ataques y adversidades. Continuó la colonización y fundó La Serena, Concepción, Imperial, Valdivia y Villa Rica. Para hacer frente a los araucanos, que vivían al Sur, construyó tres fuertes en las márgenes del río Biobío: Purén, Tucapel y Arauco.

En 1553, los araucanos se sublevaron comandados por Caupolicán, que mandó atacar los fuertes. Valdivia acudió en socorro del de Tucapel al frente de 50 jinetes y otros auxiliares, pero fueron vencidos por Lautaro y Valdivia fue martirizado.

Alonso de ERCILLA, en *La Araucana*, fue extremadamente injusto con Valdivia y su obra.

La resistencia de los araucanos prosiguió, pero Francisco de VILLAGRÁN logró terminar con Lautaro (1557) y García HURTADO de MENDOZA con Caupolicán, durante el mismo año.

EL RÍO DE LA PLATA

En 1534, el emperador Carlos V concedió a Pedro de MENDOZA la conquista y poblamiento de los territorios del Río de la Plata; en 1536, este adelantado fundó la villa de Nuestra Señora de Buenos Aires (o del Buen Aire) y envió a Juan de AYOLAS al río Paraná.

Ayolas dejó a Domingo MARTÍNEZ de IRALA en Paraguay y siguió su ruta por el interior hacia Perú. Pedro de Mendoza decidió regresar a España, pero mandó a Juan SALAZAR ESPINOSA en busca de los expedicionarios. Salazar supo por Irala que Ayolas había salido en dirección a Perú y regresó a notificarlo, pero antes fundó un fuerte, el de la Asunción en Paraguay (1537).

Ayolas fue muerto por los indios. Irala, que se volvió a Buenos Aires, resolvió abandonar esta población, continuamente atacada por los indios, y trasladó a sus habitantes a Asunción (1541).

En 50 años (1492-1542) se habían descubierto y visitado inmensas regiones antes desconocidas; en apenas dos generaciones, España fue capaz de dibujar en los mapas la mayor parte de la Tierra, descubriendo continentes y océanos de los que no se tenía noticia alguna (Vilar, 1974).

ÉPOCA DE FELIPE II

Se continuaron las ocupaciones territoriales y las fundaciones: Mendoza (1559), San Miguel de Tucumán (1565), Córdoba (1573) en Argentina, y muchas más en otras partes (Vilar, 1974).

Ante el peligro de que los protestantes franceses se establecieran en Florida, se decidió su conquista y colonización; este proceso se inició con Pedro MENÉNDEZ de AVILÉS (1565).

Diego de LOSADA fundó la capital de Venezuela en 1567, con el nombre de Santiago de León de Caracas.

Diversas expediciones a las islas del Pacífico resultaron en calamitosos desastres y, entonces, Felipe II encargó al virrey de Nueva España, Luis de Velasco, que enviase una expedición para el descubrimiento de islas en la parte de Poniente.

Miguel LÓPEZ de LEGAZPI, guipuzcoano, estuvo al mando de una flota de cuatro naves y 380 hombres que salió del puerto de Navidad (costa occidental de Nueva España) en 1564. Después de tomar posesión de la isla de Guam, del grupo de las Marianas (o de los Ladrones), llegaron a las Filipinas.

Legazpi dispuso que fray Andrés de URDANETA, otro guipuzcoano, gran conocedor del Pacífico y de sus fenómenos atmosféricos, regresase a Nueva España con el fin de encontrar una ruta segura. El agustino abandonó la derrota directa de las expediciones anteriores y, bordeando Japón, se dirigió hacia California, para descender a lo largo de la costa mexicana. Así se trazó la ruta definitiva para la marina de vela. Llegó a Acapulco en 1565, con los éxitos de haber logrado el "regreso de Poniente" y de que quedara establecido el comercio entre Filipinas y Nueva España.

Legazpi emprendió la conquista de las Filipinas, no sin grandes dificultades: la enemistad de los portugueses, los ataques de los indígenas y de los piratas musulmanes, y la indecisión de España. Al fin, se decidió la ocupación y la fundación de Manila (1571) en la isla de Luzón.

Álvaro de MENDAÑA, en 1567, salió del puerto de Callao con dos naves y acompañado del cosmógrafo Sarmiento de Gamboa; llegó a las islas Salomón y, más tarde, en 1595, reconoció las islas que denominó Marquesas de Mendoza y la de Santa Cruz, no lejos de las actuales Nuevas Hébridas. Muerto Mendaña en la isla de Santa Cruz, Isabel Barreto, su esposa, se encargó del mando.

Juan de GARAY, en 1580, llevó a cabo la fundación definitiva de Buenos Aires.

En 1580, con la unión hispano-portuguesa, España sumó las factorías de África, India, archipiélago de la Sonda, las Molucas y Celebes (Vilar, 1974).

SIGLO XVII

Pedro FERNÁNDEZ de QUIRÓS, piloto portugués en la expedición de Álvaro de Mendaña, salió de Callao (1605), visitó las Nuevas Hébridas y otras islas, y regresó a Nueva España dejando que Luis VÁEZ de TORRES prosiguiera viaje (1606). Éste visitó las costas de Nueva Guinea, y el estrecho que separa esta isla del continente australiano recibió su nombre; además, desembarcó en la península de York de La Australia del Espíritu Santo. Es posible que Quirós fuera el primer europeo que avistara Tahití o alguna otra isla o atolón de la Polinesia francesa (1606).

Fue durante la segunda mitad del s. XVIII, con los viajes de Cook, La Pérouse, Bougainville, Vancouver, etc., cuando se iniciaron los imperios coloniales de Inglaterra y Francia en Oceanía.

LOS INTENTOS DE EVANGELIZACIÓN EN ASIA ORIENTAL

San FRANCISCO JAVIER, jesuita navarro, llegó a Goa (India) en 1542, provisto de plenos poderes del papa Paulo III y del rey Juan III de Portugal.

Después de la India, evangelizó en Malaca, en las islas Molucas y en las Filipinas (parece ser que en Mindanao), para regresar de nuevo a Cochin (India), visitar las comunidades cristianas fundadas anteriormente y preparar su viaje a Japón, que realizó por los años 1549-1551. Poco después emprendió el camino de China y falleció en la isla de Sancian (frente a Cantón, China) en 1552.

San Francisco Javier dejó fundada una comunidad cristiana de unas 3.000 personas en Japón; en años sucesivos aumentó el número de fieles. En 1582 vino a Europa una embajada japonesa, acompañada por religiosos jesuitas, que visitó a Felipe II en Madrid y fue recibida por el papa Gregorio XIII.

En 1587 se prohibió toda propaganda católica en Japón y fueron expulsados los misioneros. La persecución arreció en 1597 con el martirio de diversos religiosos y seglares. Las persecuciones y matanzas se sucedieron durante todo el s. XVII y Japón se aisló y no aceptó contacto alguno con los misioneros europeos.

En 1665, los jesuitas comenzaron a evangelizar las islas de los Ladrones, que recibieron el nombre de Marianas por la ayuda que les prestó la reina Mariana de Austria, esposa de Felipe IV.

EL COMERCIO EN ASIA ORIENTAL

Consolidado el dominio español en las islas Filipinas, de allí partieron expediciones comerciales hacia China, preparadas ya por Legazpi e intensificadas posteriormente con embajadores que pasaron al Celeste Imperio.

Siendo virrey de Filipinas Gómez Pérez das Mariñas (1590-1593), intentó relaciones comerciales con Japón, y obtuvo algunos resultados favorables. En tiempos de Luis das Mariñas, sucesor de su padre en el Gobierno de Filipinas, se envió una expedición a Camboya, también se fueron estableciendo relaciones con el Tonkín (Vietnam) y Siam (Tailandia).

LA LEYENDA NEGRA

Las tiranías y crueldades perpetradas por los españoles es la leyenda difundida por los sucesivos adversarios de España, ingleses, franceses, criollos de los tiempos de la Independencia americana, etc. Para ser justos es necesario distinguir entre la práctica brutal –pero no más brutal que cualquier otro tipo de colonización– y la doctrina y la legislación que mostraba intenciones sumamente elevadas, lo cual ha faltado frecuentemente en colonizaciones más recientes (Vilar, 1974).

Dado que la Leyenda negra se apoyó en las denuncias unilaterales y apasionadas de Bartolomé de LAS CASAS (1474-1566), el primer sacerdote ordenado en América (1512), resultó fácil su difusión entre los enemigos de España; en cambio, los textos de las leyes y las afirmaciones doctrinales no tuvieron tanto eco (Vilar, 1974).

La Escuela de Salamanca, con Melchor CANO, Domingo SOTO y Francisco de VITORIA, a mediados del s. XVI, hizo pasar la discusión del plano humanitario al plano jurídico del Derecho de gentes. Otros teólogos, sin embargo, como Juan Ginés de SEPÚLVEDA, consideraron el argumento de la razón de Estado y de la imperfección de las obras humanas (Vilar, 1974).

Cuando Colón ofreció como esclavos a Isabel la Católica a los indios capturados, la Reina respondió: "¿Qué poderes ha recibido de mí el Almirante para dar a nadie mis vasallos?". Esta preocupación de los Reyes por tener súbditos directos y libres salvó de la esclavitud jurídica a los indios, considerados en principio como iguales desde su conversión. Tampoco puede olvidarse el hecho de que la voluntad del Rey "se obedece, pero no se cumple" (Vilar, 1974).

LA CONSIDERACIÓN JURÍDICA DE LAS TIERRAS AMERICANAS

Los reyes, en diversas disposiciones, manifestaron explícitamente que las provincias del Nuevo Mundo estaban unidas a la corona de Castilla y León, y que no podían enajenarse; tal declaración implicaba la igualdad jurídica entre Castilla y las Indias, que no eran colonias, sino parte integrante de la monarquía. Los indios eran súbditos de la corona y se disponía que fuesen tratados como hombres libres.

LA POBLACIÓN DEL NUEVO MUNDO

Juan LÓPEZ de VELASCO, cosmógrafo y cronista, que escribió su *Geografía y descripción universal de las Indias* entre los años de 1571 y 1574, proporcionó datos estadísticos referentes a la población del Nuevo Mundo; Nueva España: 806.215 indios, 7.067 españoles y 3.470 negros; y las Indias, en su totalidad, 30.500 familias, unas 152.000 personas de origen español.

En los primeros tiempos fueron Andalucía, Extremadura, las dos Castillas y León las regiones que aportaron mayor número de emigrantes, siguiendo Galicia y el País Vasco. Los territorios de la corona de Aragón figuran con cifras poco importantes. A los judíos, musulmanes y herejes les estaba prohibida la entrada en el Nuevo Mundo.

LOS AMERINDIOS

Los religiosos, que desde el primer momento quisieron proteger a la "raza vencida", escribían largos memoriales y extensas cartas narrando los atropellos y abusos de los conquistadores y pidiendo remedio para aquel estado de cosas.

Desde 1511 la lucha de los religiosos contra los atropellos se hizo encarnizada. Los dominicos se pusieron a la cabeza y se destacó fray Antonio de MONTESINOS.

Pero las quejas tardaron en ser oídas, hizo falta la energía de fray Bartolomé de LAS CASAS (1474-1566) que, nacido en Sevilla, llegó a Santo Domingo en 1502, se dedicó a la guerra contra los indios y a la explotación de la tierra. Las predicaciones de los dominicos, que llegaron en 1510, influyeron en él y se ordenó sacerdote; pasó después a Cuba donde, al cabo de un tiempo, renunció a los indios que tenía en encomienda y emprendió una campaña contra este sistema.

Viendo que sus exhortaciones eran inútiles, decidió volver a España, acompañado de Montesinos que había sido el primero en predicar en favor de la libertad de los indios. Se entrevistó con el cardenal Cisneros, que le dio el título de procurador general y protector de los indios; se nombró una comisión para revisar las leyes de 1512 y otra que aplicase las reformas en el Nuevo Mundo.

Pero los comisionados se mostraron tibios, por lo cual Las Casas retornó a España en 1517; Carlos V se mostró favorable a sus proyectos, pero el nuevo ensayo tampoco resultó fructífero. Las Casas regresó a España, una vez más, y se hizo dominico (1523), amplió sus estudios y comenzó a escribir sus famosos libros y tratados: *Historia de las Indias* y la *Brevísima relación de la destrucción de las Indias*. Su apasionamiento le llevó a exagerar las cifras de indios desaparecidos por las crueldades de los españoles, lo cual dio origen a la Leyenda negra.

LAS NUEVAS LEYES (1542)

La promulgación del cuerpo de leyes de 1542 se debió, en gran parte, a la tenaz y eficaz labor de Las Casas. Entre otras disposiciones, se prohibía que los indios fueran reducidos a la esclavitud, se concedía la libertad a los que se hallaban en esta situación, se ordenaba que se moderasen los repartimientos, los encomenderos que habían tratado mal a sus indios perdían los repartimientos.

Desde el punto de vista teórico, como consecuencia de las nuevas leyes, sólo se podría hablar, en lo sucesivo, de encomiendas de tributos y no de servicios personales; el encomendero dejó de ser señor de los indios, también de serlo de la encomienda, sólo era un usufructuario que percibía determinada cantidad sobre las rentas que se produjesen. No podían forzar a los indios a ser sus criados, ni mandarlos a las minas, ni alquilarlos o darlos en prenda.

LAS REDUCCIONES

Desde el primer momento se dispuso que los indios fuesen reducidos a la vida en poblados. Estos pueblos debían fundarse en comarcas que tuviesen aguas buenas, tierras, montes, labranzas, y un ejido o campo de una legua de largo donde pudiesen tener sus ganados sin que se mezclasen con otros de españoles.

En cada pueblo y reducción había alcaldes y regidores indios, se elegían todos los años del mismo modo que en los pueblos españoles y en presencia de los curas; también tenía que haber una iglesia.

En los pueblos indios no debían habitar españoles, negros, mestizos ni mulatos, a no ser que los mestizos fueran hijos de indias del lugar; los españoles caminantes sólo podían permanecer dos días en ellos, y tres los mercaderes, teniendo que pagarse la posada y todos sus gastos.

En cada pueblo o agrupación de indios debía constituirse una caja de comunidad, con cuyos fondos se asistía a los enfermos, viudas, pobres, inválidos, pago de tributos, etc. Esta curiosa institución, cuyo origen se remontaba al imperio incaico, fue aprovechada por España.

A los indios se les prohibían sus idolatrías, las borracheras, la ociosidad, no podían poseer armas ni caballos, se les imponía la monogamia; tenían libertad para trasladarse de unos lugares a otros.

Se despacharon diversas cédulas para que los dominicos y agustinos tuviesen escuelas en sus conventos y educasen a los indios desde niños, y en las leyes de Indias se disponía que donde fuese posible se establecieran escuelas de lengua castellana para que la aprendieran los indios que lo desearan, pero no se les prohibió el uso de sus idiomas.

Se crearon numerosos hospitales y asilos para enfermos, dementes, desvalidos y niños abandonados.

EL TRABAJO DE LOS INDIOS

Como consecuencia de la despoblación, se dictaron muchas disposiciones para regular el trabajo de los indios; así se destacan muchas restricciones en lo relativo al trabajo en las minas, a que transportasen pesos excesivos, al régimen de trabajo de los menores de edad y de las mujeres. Se fijaron los salarios, la curación a cargo de los patronos en caso de enfermedad, etc.

Algunas formas de trabajo existían ya en la época prehispánica, como la de los indios de carga (por la carencia de bestias de carga y por la escasez de caminos), el servicio personal de los indios en las minas y en otras labores. De hecho, estas labores fueron dulcificadas con la legislación española.

También, finalmente, es necesario decir que la legislación de Indias no siempre se aplicó, y en muchas ocasiones no en su exactitud o totalidad.

LOS AFRICANOS SUBSAHARIANOS

España, en aquella época, como todas las demás naciones, hizo uso de la esclavitud. Ésta podía ser de dos clases: de la población indígena sometida (casos de guerra, sublevaciones, etc.) o de poblaciones extranjeras traídas por la fuerza.

Las guerras, las epidemias, el hambre y el excesivo trabajo a que se vieron sometidos los indios en los primeros años de la conquista, amenazaron con destruir a los amerindios. Los jerónimos, el propio Bartolomé de Las Casas, influyeron en el monarca para que autorizase la introducción de subsaharianos con el fin de que trabajaran como mano de obra esclava.

EL CRUCE DE RAZAS

De la mezcla de los tres elementos básicos de población (indios, subsaharianos y blancos), se originaron las castas, con numerosas variedades según la mayor o menor proporción de sangre de color: mestizos (blanco e india), los más numerosos, mulatos (blanco y subsahariana), zambos (indio y subsahariana), etc.

LA IGLESIA EN AMÉRICA

Desde el testamento de Isabel la Católica, que pedía que el propósito de los monarcas fuera el de convertir a los indios americanos y que se mandaran prelados, religiosos, clérigos para conseguir este fin, los voluntarios de la evangelización americana fueron numerosos: en 1524 llegaba a México la misión de los 12 franciscanos; en 1526, los dominicos, 1533, los agustinos...

Para realizar este apostolado era imprescindible conocer la civilización indígena, y ésta fue la tarea de fray Bernardino de SAHAGÚN (*Historia general de las cosas de Nueva España*); también hay que mencionar a fray Toribio de Benavente –MOTOLINÍA– (*Historia de los indios de Nueva España*), a fray Martín de la CORUÑA (*Relación de las ceremonias y ritos, población y gobierno de los indios de la provincia de Michoacán*). De igual manera fue necesario aprender los idiomas, traducir los Evangelios, catecismos, vidas de santos, etc.

Debe recordarse que fray Juan de ZUMÁRRAGA, primer obispo y arzobispo de México, introdujo la imprenta (1532). En 1537 ya se editó un catecismo en lengua azteca.

A un franciscano, fray Pedro de GANTE, se le debe una escuela de artes y oficios, la primera en el Nuevo Mundo; en ella se formaban herreros, carpinteros, albañiles, sastres, zapateros, pintores, escultores y orfebres. A los franciscanos se debió también la fundación del colegio de Santiago de Tlatelolco, cerca de la ciudad de México, donde se enseñaba, a los jóvenes de la aristocracia indígena, humanidades, filosofía, artes y teología. Alonso de MOLINA, otro franciscano, fue el autor de un diccionario de lengua náhuatl.

En tiempos de Felipe II (1569) se consideró conveniente erigir, en las Indias, tribunales inquisitoriales semejantes a los que ya existían en España, que luchaban contra las herejías, apostasías, brujerías, hechizos, etc. Caían bajo su jurisdicción extranjeros, españoles, africanos, mulatos y mestizos, pero no los indios por ser "nuevos en la fe"; se crearon dos tribunales, uno en México, uno en Lima y, algún tiempo después (1610), el de Cartagena de Indias.

En Lima, la imprenta fue introducida en el último tercio del s. XVI, y en Guatemala funcionó desde 1657. Por lo que se refiere a las provincias del Río de la Plata, su introducción se debió a los jesuitas, y los primeros libros en lengua guaraní datan de principios del s. XVIII; en el Nuevo Reino de Granada también es de esta centuria (1738).

UNIVERSIDADES

Las primeras universidades del Nuevo Mundo se deben a España.

Aunque los primeros pasos para la creación de la Universidad de México se debieron a Juan de Zumárraga, ya mencionado, y a Antonio de MENDOZA (el primer virrey), fue durante el segundo virreinato, el de Luis de VELASCO, cuando se ejecutó una real cédula de Carlos V (1551) que la fundaba.

En el mismo año de 1551 también se fundó la Universidad de Lima (Perú), a instancias de los dominicos; se secularizó en tiempos de Felipe II (1556-1598). La de Santo Domingo data de 1558, y en Quito (Ecuador) también se fundó otra en tiempos del mismo rey.

En Nueva Granada, los dominicos enseñaban gramática, artes y teología en su colegio, que fue la base de la Real y Pontificia Universidad de Santo Tomás. Los jesuitas y franciscanos establecieron colegios en Santa Fe de Bogotá y otras ciudades.

A Antonio de Mendoza, ya mencionado, se debe la creación del Colegio de San Juan de Letrán, donde debían recogerse los hijos mestizos de españoles que anduvieran perdidos entre los indios.

Fray Miguel de BENAVIDES, tercer arzobispo de Filipinas, fundó en Manila la Universidad de Santo Tomás (1611). Anteriormente se había fundado el Colegio de San Ildefonso (1595), en Cebú, que después fue la Universidad de San Carlos; también se introdujo la imprenta en 1593. Así, las islas Filipinas fueron el único foco de cultura europea en el Pacífico durante mucho tiempo.

LITERATURA

Entre los poetas del Nuevo Mundo debe citarse, entre otros muchos, a Juana Inés de la CRUZ (1651-1695), autora de hermosas poesías místicas y de versos de amor profano. Alonso de ERCILLA (1533-1594), paje del príncipe Felipe y soldado a las órdenes de García Hurtado de Mendoza en Chile, tomó parte en la guerra contra los araucanos y en su poema *La Araucana* narró éstos sucesos.

El virreinato del Perú, con Lima a la cabeza, fue la colonia más culta de América del Sur; desde 1602 tuvo un teatro público que, más tarde, se llamó "de la Comedia Vieja".

ARQUITECTURA

Se puede observar como se desarrollaron los estilos gótico decadente, el mudéjar, el isabelino, el plateresco, el herreriano, el barroco y una exuberancia singular de éste, el ultrabarroco o criollo.

La catedral de México se comenzó a construir en 1573 y no se terminó hasta principios del s. XIX, es de tres naves y crucero con cúpula; sin duda es el más hermoso monumento del Nuevo Mundo. También se pueden destacar la de Puebla de los Ángeles, la de Zacatecas (México), terminada en 1625, la de Lima, que tuvo que reconstruirse en el XVIII a causa de un terremoto, la de Cuzco (1572-1654), etc.

IMPORTACIONES Y EXPORTACIONES

La caña de azúcar se aclimató rápida y fácilmente en las Antillas. Además, se importaron el trigo, la vid, el olivo, el arroz, los naranjos, los limoneros, plátanos de Canarias, moreras, hortalizas, leguminosas, textiles, etc. Naturalmente, también se cultivaron las específicamente americanas: el maíz, la patata, los frijoles, en muchas variedades, el tomate, el cacahuete, el tabaco, el cacao, la coca, la zarzaparrilla, la quina...

Se llevaron al Nuevo Mundo: caballos, vacas, cerdos, asnos, ovejas, cabras, perros, gallinas... De los caballos, bastante pronto, hubo rebaños en estado salvaje (cimarrones).

De América llegaba, principalmente, oro, plata, cobre, piedras preciosas, perlas, añil, cochinilla, azúcar, cacao, tabaco, maderas finas y cueros. Humboldt creía que España había recibido de América 4.876.156.000 pesos hasta 1803; en México había 3.000 minas de plata señaladas y 834 en Perú.

FLOTAS Y GALEONES

Al principio, eran flotillas aisladas las que realizaban el tráfico con las Indias; pero con motivo de las piraterías de los franceses, en guerra con Carlos V, fue preciso organizar armadas de defensa, integradas por naves de guerra que salían a recibir a las flotas mercantes y a ahuyentar a los corsarios cuando se acercaban a Europa.

En 1526 se decidió que los navíos fuesen y viniesen reunidos en flota y provistos de armamento suficiente para rechazar a los corsarios, a cuyo efecto llevaban cierto número de soldados, además de la tripulación.

En 1561 se estableció el sistema de armadas, que duró cerca de dos siglos; la ordenanza de este año dispuso que para la protección del comercio con América, cada año y en los meses de enero y agosto, se equiparan, en el río de Sevilla y en los puertos de Cádiz y Sanlúcar de Barrameda, dos flotas y una escolta naval para las Indias; una iba para Nueva España y otra hacia la región septentrional de América del Sur. El regreso debía hacerse reuniéndose las flotas de Cartagena (Colombia), Portobelo (cerca de Colón, Panamá) y Veracruz (México) en La Habana, para navegar juntas por el canal de la Florida con dirección a España. De aquí la importancia del puerto de La Habana.

El tamaño de las naves varió en el transcurso del tiempo, siempre con tendencia a acrecentarse (80, 100, 200, 300 toneladas, etc.), por el natural incremento del tráfico y por las mejores condiciones de defensa de las naves de mayores dimensiones y potencia.

LA PIRATERÍA

Se inició con los franceses en tiempos de Carlos V, por sus guerras contra Francia, y fue proseguida por los ingleses y holandeses. Los episodios más espectaculares se dieron durante la rivalidad entre Felipe II y la reina Isabel I, con las actuaciones de los corsarios ingleses.

Entre los numerosos piratas ingleses deben destacarse Hawkins, el iniciador de las grandes expediciones, Drake, Oxnam, el cual atravesó en 1570, con 70 hombres, el istmo de Panamá y capturó el tesoro de Perú. Drake, en 1572, tomó Nombre de Dios, en el istmo; Morgan, en el s. XVII, se apoderó de Portobelo, también logró capturar las mulas que llevaban el oro y la plata de Perú, y saqueó Panamá.

Otros piratas o corsarios fueron Clifford, Grenville y algunos más; efectuaron toda clase de correrías destructoras por las costas del Caribe. Después de la "Invencible", intentaron apoderarse de La Coruña y Lisboa (1589), pero fueron rechazados; más tarde (1596) tomaron Cádiz.

Durante el s. XVII, los holandeses, dueños de Pernambuco (Brasil), molestaron bastante tiempo a los españoles; el corsario Piet Heyn capturó una flota de 30 naves.

Jamaica, que cayó en poder de los ingleses en 1655, y las Pequeñas Antillas (Barbada, La Tortuga, Martinica, Guadalupe, etc.) se convirtieron en nidos de piratas (o bucaneros, o filibusteros).

SIGLO XVIII

Durante las centurias anteriores hubo dos virreinatos, el de las Indias del Norte o Nueva España y el de las Indias del Sur o Perú. Al finalizar el s. XVIII existían cuatro virreinatos: Nueva España, territorios al norte de Panamá; Perú, que incluía Chile; Nueva Granada, Colombia, Venezuela, Ecuador y Panamá; Río de la Plata, Argentina, Uruguay, Paraguay y Bolivia.

Fray Junípero SERRA, franciscano mallorquín, fundó las misiones de Alta California y de Texas.

LA POBLACIÓN

Humboldt calculó la población total de la América española, a finales del s. XVIII, en 16.902.000 habitantes, de los cuales 3.276.000 eran europeos, 7.530.000 indios, 5.310.000 mestizos de diversas clases, 780.000 africanos subsaharianos.

El tráfico negrero fue intensísimo para satisfacer las crecientes demandas de las plantaciones: algodón, caña de azúcar, tabaco, café, cacao, etc.

PRELUDIOS DE LA INDEPENDENCIA

La rivalidad entre los españoles (peninsulares: gachupines en México, chapetones en Sudamérica) y los criollos (descendientes de españoles nacidos en América) se fue acentuando, a causa del predominio de los primeros en los empleos y cargos públicos de mayor importancia, dibujándose claramente una oposición que preludiaba los movimientos de independencia; además, los criollos iban a abanderar el *indianismo* contra la metrópoli.

La sublevación de Tupac Amaru (1780-1781), descendiente de los incas, con motivo de la implantación de ciertas medidas fiscales, es un buen ejemplo. El ansia de libertad política, la penetración de las ideas de la Ilustración francesa, el ejemplo de los Estados Unidos y la rivalidad mencionada antes prepararon el ambiente separatista.

LA INDEPENDENCIA

La invasión francesa en España proporcionó una coyuntura favorable para poner en práctica, en Hispanoamérica, el ideario revolucionario francés –filosofía, masonería, etc.–, el ejemplo de los Estados Unidos y la rivalidad entre criollos y españoles.

Hubo algunos movimientos iniciales, pero es a partir de 1810 que se notó una franca tendencia separatista que se culminó en 1824. La guerra civil entre tradicionalistas y liberales se trasladó a América. Elementos separatistas actuaron desde los Estados Unidos y el mismo Gobierno norteamericano simpatizó con los insurgentes. Sin embargo, el elemento indio, sobre todo en los primeros tiempos, era favorable a la causa de España.

Prescindiendo de algunos motines y levantamientos aislados del s. XVIII (sublevación de Tupac Amaru en Perú, comuneros de Nueva Granada, movimiento republicano de Caracas, etc.), la insurrección puede dividirse en dos periodos: el primero llega hasta 1816, en que quedó casi dominada, y el segundo que se extendió hasta 1824, y en el que triunfó definitivamente.

El venezolano Francisco de MIRANDA, viejo conspirador y masón, general de la Revolución francesa y fundador de la Logia Americana en Londres, fue uno de los inspiradores y actores. En aquella Logia se iniciaron otras figuras preeminentes de la Revolución americana, como el venezolano Simón BOLÍVAR y el general argentino José Francisco de SAN MARTÍN.

AMÉRICA DEL SUR

El proceso pasó por diversas alternativas pero, en 1816, una insurgencia triunfó: el Congreso de Tucumán decretó la independencia argentina (9 de julio).

En Paraguay se constituyó, en 1811, una Junta revolucionaria que depuso al gobernador español. Un congreso convocado por la Junta puso al frente del Poder ejecutivo a dos cónsules. Uno de ellos, Gaspar RODRÍGUEZ de FRANCIA se hizo elegir dictador perpetuo en 1817, aisló totalmente a su país de influencias exteriores y gobernó hasta su muerte (1840).

De los territorios del Plata salió la llamada expedición libertadora de Chile y Perú. El general SAN MARTÍN organizó, en Mendoza, el ejército de los Andes y Chile; obtuvo así su independencia en 1818, y un poco más tarde se consiguió la de Perú (1821). Los portugueses anexionaron Uruguay al Brasil, y no obtuvo su independencia hasta 1828.

Simón BOLÍVAR, que en 1815 estaba en Jamaica, pasó a Haití, donde consiguió armas, y desembarcó en Venezuela (1817). Ayudado por ingleses y norteamericanos logró sostenerse.

El segundo Congreso venezolano, reunido en Angostura en 1819, nombró dictador a Bolívar, quien concibió el plan de aislar a los monárquicos de Venezuela, conseguir el levantamiento de Nueva Granada, mantener paralizados a los ejércitos del enemigo, emprender la marcha hacia los Andes de Perú y unirse a los libertadores de Chile y Argentina. Este proyecto fue un éxito; el triunfo de Boyacá (1819) aseguró la independencia de Nueva Granada; el de Carabobo (1821), la de Venezuela; el de Pichincha, logrado por Antonio José de SUCRE, la de Ecuador (1822).

Quedaban todavía focos de resistencia en Perú, pero las victorias de Junín (general Bolívar) y de Ayacucho (general Sucre, 1824) pusieron término a la guerra de la Independencia sudamericana.

Se constituyeron los siguientes Estados: Gran Colombia, pronto fraccionada en tres, Venezuela, Colombia y Ecuador; Perú, Bolivia, Chile, Uruguay, Argentina y Paraguay.

Bolívar murió consumido por la tuberculosis en 1830, sin ver su soñada federación americana, y San Martín se retiró de la vida pública en 1822, marchó a Europa en 1824 y murió en Francia.

MESOAMÉRICA

Después de una serie de intentonas separatistas que se sucedieron a partir de 1808, el coronel mexicano Agustín de ITURBIDE, que estuvo primero al servicio de España, de acuerdo con Vicente GUERRERO, general y político mexicano, y sus partidas rebeldes, declaró la independencia (Plan de Iguala, 1821).

Los países de Mesoamérica (México, Guatemala, Honduras, El Salvador, Nicaragua y Costa Rica) se declararon independientes en 1821 y México quedó como Imperio; pero a la caída de Iturbide (1823) se reunió una Asamblea Constituyente que decretó la independencia de las Provincias Unidas de Centroamérica, especie de confederación que poco a poco se fue disgregando hasta constituir cinco repúblicas independientes: Guatemala, El Salvador, Honduras, Nicaragua y Costa Rica.

La obra española en su imperio colonial no fue despreciable, quedó una manera de ser y de pensar, el cristianismo, el amor por las letras y las artes, muchas universidades y tantas cosas más. Hoy, el castellano cuenta con 450 millones de hablantes y gana adeptos cada día, ¡por algo será!

Muchas de las naciones que nacieron del antiguo Imperio español tienden a culpar a España de todos sus males, es una costumbre bastante injusta si analizamos un poco el escaso desarrollo de las ex-colonias de otras potencias en América (Haití, por ejemplo), en Asia (por ejemplo Filipinas, a pesar de haber sido colonia de los Estados Unidos) y en África (casi todas las naciones son pobres).

LOS BORBONES

SIGLO XVIII

LA ILUSTRACIÓN

"La Guerra de Sucesión (1701-1714) constituyó el punto de partida de la España contemporánea y de sus numerosos conflictos. Cada una de las guerras civiles españolas ha sido interpretada a partir de la anterior, de tal modo que cada guerra civil ha sido semilla de la siguiente" (Voltes, 1992: 298).

A partir de 1714 se debería haber hecho un gran esfuerzo nacional de reconciliación para que se olvidaran y se enterraran definitivamente los recuerdos de esta guerra, se hubieran evitado, quizás, muchos conflictos posteriores.

Por otra parte, "los monarcas de la Ilustración convirtieron la educación en afán público, fundaron centros de enseñanza y comenzaron una lenta transformación de la Universidad. Con bienes de los jesuitas expulsados, Carlos III creó escuelas de niños en los pueblos importantes. En 1793, Godoy proyectó generalizar la enseñanza primaria y prestó atención a la formación de militares y marinos. En la renovación de la Universidad, se intentó adecuarla a las necesidades económicas del momento, con el cultivo, en particular, de las ciencias experimentales" (Voltes, 1992: 310).

FELIPE V de España (1700-1746)

Publicado el testamento de Carlos II, Luis XIV de Francia lo aceptó inmediatamente en nombre de su nieto Felipe de Anjou. El duque de Anjou, que tomó el nombre de Felipe V, entró en Madrid donde fue acogido con entusiasmo, pero la guerra comenzó entre el emperador Leopoldo I de Habsburgo (1658-1705) y Luis XIV (1643-1715). Es evidente que éste actuó con prepotencia, reconoció a su nieto Felipe el derecho a ocupar el trono de Francia si esta eventualidad llegaba a presentarse, contraviniendo con ello las disposiciones del testamento y exteriorizando sus propósitos de conseguir la unión de las dos naciones.

Estos hechos dieron lugar a la Gran Alianza de La Haya (1701), integrada por el emperador Leopoldo, Inglaterra, Holanda, Dinamarca, el elector Federico de Brandenburgo, a quien el Emperador dio el título de rey de Prusia, y otros príncipes alemanes; después se unieron Portugal y Saboya (1703). Felipe V contaba con grandes simpatías en España, pero los Estados de la antigua Corona de Aragón se declararon a favor del archiduque de Austria, Carlos, hijo de Leopoldo I.

La guerra de Sucesión, verdadero conflicto europeo, se desarrolló entre 1701 y 1714, tuvo lugar en Italia, Bélgica, Alemania, España e incluso en las colonias de Ultramar. La superioridad naval de los ingleses les permitió apoderarse de la plaza de Gibraltar (1704) y de la isla de Menorca (1708); de un modo general, los aliados se llevaron casi siempre la ventaja y el mayor número de triunfos contra los franceses y los españoles.

El archiduque Carlos permaneció algún tiempo en la región oriental (Cataluña y Valencia) y el duque de Anjou fue expulsado dos veces de Madrid, pero la batalla de Villaviciosa (Guadalajara, 1710) dio el triunfo al ejército borbónico. La ciudad de Barcelona siguió resistiendo hasta el 11 de septiembre de 1714.

La paz de Utrecht, con este nombre se conoce el conjunto de tratados firmados en Utrecht (1713), Rastadt, Baden y Amberes entre los años 1713 y 1715 que pusieron fin a la guerra de Sucesión. España cedió a Inglaterra Gibraltar y Menorca e importantes privilegios de orden comercial en América; además perdió los Países Bajos que pasaron a la Casa de Austria y las posesiones de Italia: Milán, Nápoles y Cerdeña fueron adjudicados al Emperador, y Sicilia al duque de Saboya.

España perdió su categoría de potencia de primer orden. La influencia francesa en España consistió en buscar la centralización: el decreto llamado de Nueva Planta terminó con los privilegios forales catalanes, valencianos y mallorquines (1716), por la protección que habían prestado al archiduque Carlos. Durante su reinado se creó, en Cataluña, una fuerza de seguridad rural, los *Mossos d'Escuadra*; el duque de Ahumada se inspiraría en esta institución cuando fundó la Guardia Civil (1844).

Felipe V abdicó en su hijo LUIS I en 1724, pero unas viruelas malignas acabaron con él a los pocos meses, su padre tuvo que volver a ocupar el trono (1724). Durante esta segunda parte de su reinado se ocupó de mejorar la riqueza nacional y reorganizar la hacienda.

Tras una corta guerra con los ingleses, se hizo la paz en 1728. Por el Tratado de Sevilla (1729), Francia e Inglaterra autorizaron la ocupación de los ducados italianos por las tropas españolas; así, en 1731, el infante Carlos tomó posesión de los Estados del duque de Parma. El primer Pacto de Familia, entre Francia y España, se firmó en 1731, y Francia logró que España tomase parte en la guerra de Sucesión de Polonia a favor de Estanislao Leczinski, suegro de Luis XV. Las tropas españolas obtuvieron notables triunfos luchando contra las imperiales en Italia, y se apoderaron de Nápoles y Sicilia. El Tratado de Viena (1735) confirmó al infante Carlos en la posesión de estos territorios, a condición de entregar al Emperador los ducados de Parma y Plasencia.

Isabel de Farnesio, segunda esposa de Felipe V, quería aquellos ducados para su segundo hijo Felipe, y la guerra de Sucesión de Austria y el segundo Pacto de Familia (1743) le dieron ocasión de que esto sucediera; España obtuvo el Milanesado.

FERNANDO VI de España (1746-1759) liquidó, en la paz de Aquisgrán (1748), la guerra de Sucesión de Austria y consiguió que su hermano Felipe fuese reconocido como duque de Parma, Plasencia y Guastalla.

Desilusionado por el comportamiento de Francia, adoptó una política exterior neutral y dedicó sus esfuerzos a mejorar la situación del país. Fernando VI y su esposa, Bárbara de Braganza, protegieron las artes y la cultura y permitieron a los españoles vivir una época de paz y prosperidad como hacía tiempo que no se conocía (Igual Úbeda, 1956).

Bajo la prudente vigilancia del Rey y la entusiasta acción del marqués de la Ensenada y de José de Carvajal y Lancaster, se fomentó el ejército y la marina, que llegó a contar con 50 navíos de línea y 20 fragatas. Y con esta garantía de respeto internacional, mejoró la agricultura, la industria y el comercio, se construyeron caminos y obras de riego, se saneó la hacienda y se incrementó la riqueza nacional (Igual Úbeda, 1956).

El Rey decretó (1751) la prohibición de pertenecer a la masonería para todos los jefes y oficiales del Ejército y de la Armada, pero esta organización continuó su labor.

Muchos autores consideran a Fernando VI como uno de los mejores monarcas de España.

CARLOS III de España (1759-1788) sucedió en el trono a su hermano y dejó Nápoles a su hijo Fernando. El nuevo monarca tenía 43 años y una experiencia de 25 de gobierno en Nápoles; llegó a España saturado de ideas filosóficas y científicas francesas, el enciclopedismo. Creó bibliotecas, academias, jardines botánicos y museos, e hizo construir magníficos edificios (Igual Úbeda, 1956).

Contó con buenos colaboradores españoles, los condes de Aranda y de Floridablanca; en cambio, los ministros que se trajo de Nápoles, los marqueses de Esquilache y de Grimaldi gozaron de manifiesta impopularidad, según acredita la revuelta popular madrileña de 1766, causada por la prohibición del uso de sombreros anchos y capas largas que permitían el anonimato. Este motín de Esquilache fue el único suceso importante de este reinado en el interior, junto con la expulsión de los jesuitas, cuyo origen hay que buscarlo en el espíritu volteriano que estaba de moda durante el Siglo de la Ilustración (Igual Úbeda, 1956).

En política exterior, Carlos III abandonó la pacífica neutralidad de Fernando VI, firmando con Francia el tercer Pacto de Familia (1761). Este pacto, como los anteriores, significaba la alianza ofensiva y defensiva entre Francia y España; después se agregaron los demás Borbones (Nápoles y Parma). La ruptura con Inglaterra y Portugal llegó pronto y España entró en la guerra de los Siete Años (ésta que Fernando VI siempre evitó). Por la paz de París (1763), Inglaterra restituyó a España las conquistas que había hecho en Cuba y Filipinas; en cambio, nuestro país le entregó la Florida y la bahía de Panzacola (Pensacola, estado de Florida).

Por el Tratado de San Ildefonso (1777), España recuperó la Colonia de Sacramento (en el Río de la Plata), junto con las islas de Fernando Poo (Bioko) y Annobón (Pagalu), en el golfo de Guinea, a cambio de los territorios de Santa Catarina y Río Grande do Sul, al sur del Brasil. En desquite, Carlos III aprovechó la guerra de la Independencia de los Estados Unidos (1775-1783), que ocupaba la atención de Inglaterra, para entrar en la segunda guerra contra ella; aportó apoyo marítimo a los colonos americanos. Por la paz de Versalles (1783), España recobró Menorca, Florida y otros territorios en Honduras y Campeche (península del Yucatán, México), pero tuvo que renunciar a Gibraltar.

Durante su reinado se estableció un convenio de amistad con los marroquíes (1780); Trípoli y Túnez también se avinieron a tratar con España; Con Turquía se ajustó un tratado de paz perpetua.

Carlos III trató de adecentar Madrid: empedrado, alumbrado, construcción de edificios públicos; pero cuando se trató de modificar la indumentaria de sus habitantes, se promovió un motín, el de Esquilache.

Portugal y Francia se anticiparon a España en la expulsión de los jesuitas, pero el Rey la decretó también en 1767. El papa Clemente XIV también cedió y promulgó la disolución de la Compañía de Jesús en 1773, y el reino se incautó de sus bienes.

Carlos III fue uno de los monarcas más reformadores que registra nuestra historia: realizó una obra de colonización interior en las comarcas despobladas (Sierra Morena); tomó medidas desamortizadoras para impedir la excesiva concentración de la propiedad; impulsó la actividad agrícola e industrial y las obras públicas (carreteras, puertos, edificios); reorganizó la enseñanza, creando escuelas en los pueblos importantes; envió expediciones científicas; mejoró la administración de las colonias, abolió las encomiendas o repartimientos de indios, y dictó la pragmática del comercio libre (1778). También se adoptó el diseño actual –rojo, amarillo o gualda y rojo– de la bandera española (1785).

EDAD CONTEMPORÁNEA (ss. XIX-XX)

CARLOS IV de España (1788-1808)

Este monarca prosiguió la política de reconstrucción de su padre Carlos III, con el buen hacer de su ministro el conde de Floridablanca.

Durante los años de la Revolución francesa (1789) fue preciso hacer frente a los ataques de los berberiscos argelinos, que nos obligaron a evacuar Orán y Mazalquivir (golfo de Orán en Argelia, 1791); el sultán de Marruecos fracasó en sus ataques a Ceuta.

Cuando cayó Floridablanca (1792), le sucedió el conde de Aranda, que intentó suavizar las relaciones con Francia, pero no se obtuvieron resultados trascendentes; le sucedió Manuel Godoy (1792) que, a pesar de sus esfuerzos, no consiguió salvar la vida del rey de Francia, Luis XVI (1793).

La guerra contra Francia se emprendió (1793) con algunos éxitos iniciales, pero pronto nos vimos en la necesidad de pedir la paz; por el Tratado de Basilea (1795), se nos restituyeron los territorios conquistados a cambio de ciertas ventajas de orden económico, y se entregó a Francia nuestra parte de La Española, Santo Domingo (la parte occidental de la isla, Haití, ya se les había cedido en 1697).

Para asegurar la situación política española, combatida por Inglaterra, Godoy se unió cada vez más a Francia. Concertada una alianza ofensiva y defensiva con el Directorio francés por el tratado de San Ildefonso (1796), sobrevino una lucha desastrosa con los ingleses, cuya flota derrotó a la española en aguas del cabo de San Vicente; después se consiguió resistir el bombardeo de la ciudad de Cádiz. Los territorios de América sufrieron graves daños.

Napoleón Bonaparte, primer cónsul del nuevo Gobierno francés, obligó a Carlos IV a declarar la guerra a Portugal, aliada de

Inglaterra; se tomó la plaza de Olivenza (Badajoz). Por la paz de Amiens (1802), estipulada entre Bonaparte e Inglaterra, España perdió la isla de Trinidad. Cuando se volvieron a romper las hostilidades entre España e Inglaterra, la escuadra franco-española fue destrozada por Horacio Nelson a la altura del cabo Trafalgar (Barbate, Cádiz, 1805).

Napoleón se propuso seguir sacando provecho de la alianza con España, el monarca español prestó su aquiescencia al destronamiento de su hermano, el rey de Nápoles, cuya corona pasó a José Bonaparte.

En 1807, Carlos IV se adhirió al bloqueo continental contra Inglaterra, también se concertó el Tratado de Fontainebleau (1807) que permitía la entrada del ejército francés para la ocupación de Portugal, aliada de Inglaterra. Durante este mismo año tuvo lugar la conspiración tramada por el príncipe Fernando contra Godoy; enterado el Rey, mandó detener a su hijo.

LA ESPAÑA DEL SIGLO XVIII

EL ABSOLUTISMO DE LOS BORBONES Y LA CENTRALIZACIÓN

Felipe V aprovechó (por derecho de conquista) la sublevación de aragoneses y valencianos, partidarios del archiduque de Austria, para suprimir todos los fueros y privilegios (decreto de 1707), reduciéndolos a las leyes de Castilla; en el caso catalán, se hizo con el decreto llamado de Nueva Planta (1716). Otro tanto se había hecho en el antiguo reino de Mallorca (1715). En cambio, el País Vasco y Navarra, que se mantuvieron fieles durante la guerra de Sucesión, conservaron sus fueros.

LOS COLABORADORES DEL REY

Ministros y consejeros de los Borbones fueron, en un primer momento (Felipe V), franceses (Orry y Amelot), italianos (Alberoni) y holandeses (Ripperdá), pero después fueron españoles, Patiño, Campillo, Ensenada, Aranda, Campomanes, Floridablanca, etc.

LA INQUISICIÓN

La decadencia de este tribunal se acentuó a lo largo del s. XVIII; en tiempos de Carlos IV se pensó en suprimirlo, pero sobrevivió hasta el XIX.

EL DESPOTISMO ILUSTRADO

El gobierno de Carlos III cayó de lleno en la corriente general europea del despotismo ilustrado, que se caracterizó por el absolutismo monárquico y por el ansia de reformas y progresos económicos y culturales que se tradujeron en innumerables disposiciones encaminadas a promover el desarrollo de la agricultura, la industria, el comercio, la navegación, las obras públicas, etc., y a levantar la condición social de las clases más necesitadas. Era "todo para el pueblo, pero sin el pueblo".

Los mejores hombres de Estado del "despotismo ilustrado" vinieron de las provincias: nobles cultos, como el aragonés Aranda y el asturiano Jovellanos; letrados de origen humilde, como Floridablanca o Campomanes; administradores formados en Italia, Barcelona o Sevilla, como Patiño o Ensenada. Mediante esta tendencia, el centralismo captó las fuerzas vivas de las provincias. La unidad se afirmó, a pesar del terrible recuerdo de la guerra de Sucesión (1701-1714).

LA POBLACIÓN

Jerónimo de Ustáriz suponía que, a mediados del reinado de Felipe V, la población de España era de 7.625.000 habitantes; en el primer censo del reino, hecho por orden del conde de Aranda en 1768, se contaron ya 9.159.992 habitantes; en el recuento ordenado por Floridablanca, en 1787, se hallaron 10.409.879.

Los economistas de la época señalaron, como causa importante de la despoblación, la emigración a las Indias, estimada en 14.000 emigrantes por año, según los cálculos de Campillo.

Felipe V y Carlos III intentaron nuevamente llevar a los gitanos a la vida sedentaria. La esclavitud era admitida, aunque sólo de musulmanes y subsaharianos.

LA ECONOMÍA

Fue adquiriendo mayor importancia por virtud del desarrollo de las actividades económicas y por cierta protección de los monarcas a las clases productoras.

El sistema de impuestos era sumamente complicado e injusto y los economistas reclamaron su reforma, necesaria para la recuperación económica; algo se adelantó durante el reinado de Fernando VI.

En 1772 se trató de unificar el sistema de monedas, pero la unidad monetaria de la peseta sólo llegaría en 1868, en tiempos del gobierno provisional del general Serrano. En 1782 se fundó el Banco de San Carlos, institución de crédito. En el País Vasco, los ilustrados fundaron la primera Sociedad Económica de Amigos del País, que toda España imitó (Vilar, 1974).

En orden a la beneficencia se fundaron Montes de Piedad, asilos, montepíos y otras instituciones de asistencia social.

Con el fin de impulsar el desarrollo, bajo Carlos III, se construyó la gran red de seis carreteras radiales que debían comunicar Madrid con La Coruña, Badajoz, Cádiz, Valencia y con la frontera francesa, una por el País Vasco y otra por Cataluña.

LA CULTURA

La influencia francesa fue importante durante toda la centuria, se dio un fenómeno de afrancesamiento intelectual y político. Se prohibieron, sin embargo, numerosas obras (Rousseau, Montesquieu, Voltaire, la Enciclopedia y otras muchas), especialmente a partir de 1789.

En 1714 se abrió al público la Biblioteca Real, base de la Nacional, disponiéndose que fuese remitido a la misma un ejemplar encuadernado de todos los libros que en lo sucesivo se publicasen en España; idéntica medida se aplicó (1717) para la Biblioteca de El Escorial.

Se crearon los observatorios astronómicos de Cádiz, Madrid y San Fernando, y también Jardines Botánicos y Gabinetes de Historia Natural.

Los viajes científicos dirigidos a diversas comarcas de América (Jorge Juan, Ulloa, Malaspina, Bustamante, etc.) fueron fructíferos.

LA ENSEÑANZA

Los progresos fueron poco eficaces, y se calcula que no llegaba a la cuarta parte el coeficiente de la población infantil que frecuentaba la escuela. Con relación a la enseñanza primaria, merecen citarse algunas disposiciones de Carlos III, y la introducción de los métodos del pedagogo suizo Pestalozzi. Se hicieron ensayos para extender la educación a las niñas. En 1793, Godoy proyectó generalizar la enseñanza primaria y prestó atención a la formación de militares y marinos.

En Madrid y Barcelona se establecieron escuelas para la educación de los sordomudos.

El número de universidades, 24, se consideraba excesivo y lamentable su estado. En 1807, el marqués de Caballero, ministro de Carlos IV, estableció un nuevo plan de estudios y suprimió once universidades. Paralelamente, se crearon las Reales Academias de la Lengua (1714), de la Historia (1738), de Bellas Artes de San Fernando (1744), la Academia Médica Matritense, etc. Se reorganizaron el Archivo de Simancas, se formó el Archivo de Indias...

LA POESÍA

El s. XVIII no fue época de grandes poetas, pero hay que mencionar a Gaspar Melchor de JOVELLANOS (1744-1811), José CADALSO (1741-1782) entre otros.

LA NOVELA

Citaremos a Diego de TORRES y VILLARROEL (1693-1770) y al padre ISLA (1703-1781).

EL TEATRO

Mencionaré a José CADALSO y Leandro FERNÁNDEZ de MORATÍN (1760-1828)

LA CRÍTICA: fray Jerónimo Benito FEIJOO (1676-1764).

LA ARQUITECTURA

La influencia del barroco continuó pujante durante la primera mitad del s. XVIII (con el ya mencionado churriguerismo, por ejemplo), pero la fundación de la Academia de Bellas Artes de San Fernando y la llegada de artistas extranjeros fueron imponiendo el neoclasicismo característico de esta época: Palacios Reales de la Granja de San Ildefonso (Segovia), de Madrid, de Aranjuez (Real sitio desde los Reyes Católicos).

El palacio Real o de Oriente de Madrid fue obra de F. JUVARA y de su discípulo SACCHETTI, ambos italianos. Fue decorado por MENGS, GASPARINI y GOYA entre otros. Francesco SABATINI fue el autor de la puerta de Alcalá, de la Aduana (actual Ministerio de Hacienda) y de reformas en los palacios del Pardo y de Aranjuez.

A Juan de VILLANUEVA se le deben los primeros proyectos del Museo del Prado, el Observatorio Astronómico de Madrid, la Academia de la Historia, la reconstrucción de la plaza Mayor (1791).

LA ESCULTURA

Debe recordarse, entre otros, al murciano Francisco SALCILLO.

LA PINTURA

Además de Goya mencionaré a Anton Raphael MENGS, alemán, a Giambattista TIEPOLO, italiano.

Francisco de GOYA y LUCIENTES (1746, Zaragoza - 1828, Burdeos). Goya, como Velázquez, fue testigo de su tiempo, de la miseria del pueblo llano, pintor de mendigos y de tugurios, y también de las flaquezas de los de arriba, en los rostros de *La familia de Carlos IV* (Vilar, 1974). Se le suelen distinguir tres etapas, la primera es la juventud, galante, fácil, agradable, la segunda, que se inició con la caída de la dinastía y la invasión francesa, en la que expresó su cólera contra el invasor, y más tarde, con Fernando VII, Goya manifestó la vergüenza y las tristezas del destino.

Como retratista nos ha dejado: *Floridablanca, Marquesa de la Solana, La reina María Luisa en traje de maja, Wellington, Fernando VII*, entre otras obras. De sus composiciones y figuras, voy a mencionar: sus trabajos en la iglesia de San Antonio de la Florida (Madrid), *La pradera*, las dos *Majas, Dos de mayo, Fusilamientos del 3 de mayo*, los *Caprichos*, los *Desastres*, los

Proverbios, la *Tauromaquia*, etc.

LA MÚSICA

La música italiana dominó durante toda la centuria; los compositores METASTASIO y Domenico SCARLATTI, el cantante FARINELLI fueron celebrados. La tradición española se manifestó en pasatiempos, tonadas, tonadillas, etc.

LA GUERRA DE LA INDEPENDENCIA ESPAÑOLA

SIGLO XIX

La invasión de Portugal, acordada en el tratado de Fontainebleau (1807), encubría otros proyectos por parte de Napoleón Bonaparte, que solapadamente fue situando en España fuertes contingentes militares y se adueñó de importantes plazas estratégicas, San Sebastián, Pamplona, Figueras (Gerona), Barcelona.

A principios de 1808, había en España más de 100.000 franceses. Manuel Godoy se alarmó y quiso imitar el ejemplo de los portugueses, aconsejando el traslado de los Reyes a Andalucía, desde donde sería más fácil la partida para América. Sin embargo, en un primer momento, muchos españoles estuvieron esperando que llegase Napoleón trayendo una novia para el príncipe Fernando, le proclamara rey y encarcelase a Godoy (Voltes, 1992).

EL MOTÍN DE ARANJUEZ

Los Reyes se hallaban en Aranjuez mientras el mariscal Joachim Murat marchaba sobre Madrid, y se había decidido el viaje a Andalucía para el 18 de marzo, pero estalló un motín popular, promovido por el partido del príncipe Fernando, en la noche del 17. Los sublevados saquearon el palacio del favorito, no le encontraron y Carlos IV tuvo que destituirlo.

Sin embargo, al día siguiente se reprodujo el alboroto, con motivo de haber encontrado a Godoy, y creyendo el Rey que su seguridad personal y la de Godoy dependían de su abdicación, cedió la corona a su hijo FERNANDO (19 de marzo de 1808); el ministro fue encarcelado (más tarde se exilió a Francia).

En lugar de retirarse hacia el Sur y reunir fuerzas, Fernando confió en Napoleón y regresó a Madrid. Murat, que ya estaba en Madrid, no concedió ninguna importancia al nuevo Rey y animó a Carlos IV para que protestase. El 10 de abril, Fernando VII partió de la Corte hacia Bayona (Francia); el 21 de abril, Napoleón le comunicó que había resuelto destronarle, dándole en compensación la corona de Etruria (Toscana, Italia) y la mano de una princesa imperial. Fernando rechazó la propuesta.

Cuando Carlos IV, María Luisa de Parma y Manuel Godoy llegaron a Bayona, Napoleón manifestó que el único rey legal era Carlos; Fernando devolvió la corona a su padre, el cual la cedió al Emperador. Carlos IV y su esposa salieron para Fontainebleau, y Fernando para Valençay, donde permaneció vigilado durante seis años. El 4 de junio, Napoleón proclamó a su hermano, JOSÉ I, rey de España y de las Indias (1808-1813).

Está claro que los consejeros de Napoleón no le hablaron más que de la decrepitud de la familia real, no supieron medir la tradicional fuerza instintiva del pueblo español, ni la reciente reconstitución de los valores intelectuales y económicos de España (Vilar, 1974).

EL 2 DE MAYO DE 1808

Los desmanes y la actitud provocativa de las tropas francesas en Madrid, la detención del Rey en Bayona y las órdenes de Napoleón para que el resto de la familia real fuese trasladada a Francia provocaron que el pueblo de Madrid se amotinara en la plaza de Oriente para impedir el viaje: la guerra de la Independencia había comenzado.

Los capitanes Pedro Velarde y Luis Daoíz y el teniente Ruiz, Juan Malasaña, su hija Manuela, González Blanco y su esposa, Clara Rey, etc. se distinguieron en esta sublevación. La represión de Murat fue terrible durante la noche del 2 al 3 de mayo. Francisco de Goya conservó las visiones trágicas en sus cuadros, el *Dos de mayo* y los *Fusilamientos.*

El alzamiento de Madrid tuvo mucha repercusión. El alcalde de Móstoles, Andrés Torrejón, lanzó su famoso manifiesto patriótico; rebeldías semejantes se produjeron en diversas comarcas españolas: Asturias, Santander, León, Andalucía, Galicia, Extremadura, Valencia, Cataluña, Aragón, etc., no sin que se cometieran toda clase de abusos y desmanes; también fueron surgiendo numerosos guerrilleros como José Romeu, Juan Díaz Porlier, Martín Díaz el Empecinado, Francisco Espoz y Mina...

Otra de las consecuencias fue que se desestabilizó la ocupación francesa y se frustró el plan napoleónico de paz y progreso. Y sin embargo, el movimiento no era solamente anti-francés, sino que prolongaba el motín de Aranjuez; se expresaba tanto el descontento interior, la falta de progreso, como la esperanza en el desterrado Fernando, que representaba en realidad la tradición y el absolutismo patriarcal. En pocas palabras, la España "liberal" y la España "carlista" existían ya conjugadas contra el enemigo y, sin embargo, en profunda contradicción (Vilar, 1974).

Los reformistas que combatían a los franceses, intelectuales, curas, grandes propietarios y parte de las clases medias de la periferia peninsular, consiguieron la reunión de unas Cortes generales en Cádiz. En ellas proclamaron la soberanía nacional, la libertad de imprenta y dieron al país la Constitución de 1812. En esta Constitución se suprimieron los antiguos reinos, provincias e intendencias en que se dividía España, pero la división provincial actual fue ideada en 1833 por Javier de Burgos.

De 1810 a 1812, la mayoría liberal se impuso en las Cortes de Cádiz sobre los partidarios de la vieja España; pero en mayo de 1814, Fernando VII anuló por completo la obra gaditana, la masa de la España tradicional triunfó sobre la minoría ilustrada (Vilar, 1974).

Volviendo al año 1808: se promovieron gobiernos locales en las comarcas sublevadas y, en septiembre, una Junta Central Suprema asumió la dirección de las Juntas provinciales. El 20 de julio, JOSÉ I Bonaparte llegó a Madrid. En España había dos gobiernos: el representado por José I, del que formaban parte algunos "afrancesados", y el nacional, que representaba a la mayoría del pueblo, con la Junta Suprema Central, presidida por el anciano conde de Floridablanca y que contaba, entre otras personalidades, con Jovellanos y Gabriel Ciscar; la Junta se instaló en Aranjuez en septiembre y, cuando Napoleón entró en Madrid, se retiró a Sevilla.

La masa principal del ejército francés se encontraba en el Centro; Bessières debía guardar la comunicación entre Madrid y Francia, y mandar una columna para someter la región aragonesa; Moncey se dirigió hacia Valencia y fracasó; Dupont fue contra Andalucía. Francisco Javier Castaños venció a Dupont en Bailén (21 de julio) con el ejército organizado por las juntas de Sevilla y Granada.

Los efectos de la batalla de Bailén tuvieron consecuencias catastróficas para los franceses: el rey José abandonó Madrid; el ejército francés que sitiaba Zaragoza, heroicamente defendida por Palafox, hubo de levantar el asedio; Duhesme fracasó en sus ataques a Gerona y tuvo que encerrarse en Barcelona; Junot, que operaba en Portugal, hubo de hacer frente a un ejército anglo-portugués mandado por Wellesley, duque de Wellington, fue vencido y se vio obligado a desalojar Portugal (en agosto). Solamente Bessières consiguió una victoria en Medina de Rioseco (julio, Valladolid).

"La actividad de los guerrilleros fue muy efectiva y tuvo gran trascendencia en Europa; el general prusiano Scharnhorst estudió el experimento español; los poetas alemanes Moritz, Arndt, Schlegel y Kleist lo cantaron; el zar de Rusia, por lo visto, antes de trazar sus planes de guerra o de paz, preguntaba por el curso de la guerra de España" (Voltes, 1992).

Napoleón decidió dirigir personalmente las operaciones contra los rebeldes españoles; frente a los 300.000 franceses, la Junta Central solamente disponía de 110.000 hombres. Bonaparte venció en la batalla de Gamonal, junto a Burgos; Victor derrotó a Blake en Espinosa de los Monteros (Burgos), y Lannes a Palafox y a Castaños en Tudela (Navarra); Napoleón se apoderó de Madrid en diciembre.

Después de la batalla de Tudela, los franceses sitiaron Zaragoza nuevamente, defendida por Palafox; después de 52 días de asedio la tomaron. Además de Palafox, hay que destacar los nombres de Agustina de Aragón, del tío Jorge, Fernando Butrón, etc., personas de todas las clases sociales.

A Cataluña, el Emperador envió al mariscal Gouvion Saint-Cyr para que ayudase a Duhesme, derrotó a Reding –general suizo al servicio de España– y sitió Gerona (era el tercer asedio), defendida por el general Mariano Álvarez de Castro y 600 hombres, desde mayo a diciembre de 1809 en que se entregó.

LA GUERRA EN 1809

En las semanas iniciales de 1809 comenzaron a operar las tropas inglesas en suelo español, aliadas a las nuestras. El general francés Sebastiani derrotó a Cartaojal en Ciudad Real, y el mariscal Victor deshizo el ejército de Cuesta en Medellín (Badajoz), pero Soult resultó vencido por las tropas del duque de Wellington. Inmediatamente, el general inglés marchó contra Victor y el rey José, los venció en Talavera (Toledo), pero un desastre acaecido en Ocaña (Toledo), en noviembre, en el que el general Areizaga fue vencido por José I, abrió a las tropas francesas las puertas de Sierra Morena y el dominio de Andalucía. Solamente se salvó Cádiz, gracias al duque de Albuquerque que se atrincheró en ella con 10.000 hombres.

LA GUERRA EN 1810 Y 1811

A principios de 1810, invadida Andalucía por los franceses, la Junta Central se refugió en Cádiz. Mientras se iniciaba el asedio de Cádiz y Wellington organizaba la defensa de Portugal, un nuevo ejército de 100.000 franceses penetró en España a las órdenes de Massena; con esto, los soldados napoleónicos pasaban de 350.000.

Massena se dirigió contra Wellington, se adueñó de Astorga (León) y de Ciudad Rodrigo (Salamanca), entró en Portugal y se apoderó de Almeida. La batalla de Busaco, en el camino de Coimbra a Lisboa, resultó desfavorable para los franceses. Wellington se retiró y Massena no se atrevió a atacarle, pidió refuerzos. Cuando llegó Soult, que no había podido tomar Cádiz, ya era tarde, Massena había perdido 28.000 hombres. Soult se apoderó de Badajoz, pero fue derrotado por Beresford en Albuera (Badajoz, mayo de 1811) y tuvo que retirarse a Andalucía.

En la región levantina, Suchet realizó brillantes campañas que le hicieron dueño de Tarragona, Tortosa, Sagunto y Valencia (1811-1812).

Wellington pasó los últimos meses del año 1811 organizando sus tropas para una gran ofensiva, mientras los guerrilleros españoles (Mina, Porlier, Julián Sánchez, el Empecinado, el cura Merino, etc.) desgastaban las energías de los ejércitos franceses, cortaban sus comunicaciones, atacaban destacamentos, etc.

LA GUERRA EN 1812

Wellington se apoderó de Ciudad Rodrigo en enero y de Badajoz en abril; en julio, cerca de Salamanca, venció a Marmont en la batalla de Arapiles. Los franceses perdieron 15.000 hombres entre muertos, heridos y prisioneros; esta derrota obligó a José I a huir de Madrid, y a Soult a levantar el sitio de Cádiz; ambos se unieron al ejército de Suchet. Wellington, nombrado general de las tropas aliadas anglo-hispano-portuguesas, entró triunfante en Madrid, pero tuvo que retirarse hacia el Oeste ante la concentración de todas las tropas francesas.

El 19 de marzo de 1812 se había promulgado y jurado, en las Cortes de Cádiz, la Constitución española, monárquica y de carácter liberal.

FIN DE LA GUERRA

Al comenzar el año 1813, aprovechando la reducción de los efectivos franceses sacados de España por Napoleón para reconstruir el Gran Ejército, aniquilado en la campaña de Rusia, Wellington decidió emprender una serie de operaciones definitivas. Las tropas españolas ya estaban mejor organizadas y los guerrilleros inmovilizaban, con sus ataques, a más de 40.000 franceses.

José I se retiró a Valladolid y, después, a Burgos, Miranda de Ebro y Vitoria, siempre perseguido por su rival. En Vitoria, el ejército anglo-español de Wellington venció al francés (marzo de 1813); el botín fue enorme, miles de carros cargados de objetos de arte, dinero, etc. Soult intentó obligar a Wellington a levantar el sitio de San Sebastián, pero fue derrotado en San Marcial, en el Bidasoa, por el general español Manuel Freire.

Rendidas San Sebastián y Pamplona, el duque de Wellington pasó el Bidasoa y entró en Francia. El 2 de febrero de 1814, las Cortes de Cádiz se instalaron en Madrid.

El 13 de marzo de 1814, Napoleón concedió la libertad a Fernando VII que se hallaba en Valençay y que regresó a España. Poco tiempo después, los ejércitos de las potencias europeas, coaligadas contra el Emperador, le obligaron a abdicar y le aseguraron la soberanía de la isla de Elba (11 de abril).

Suchet que se había retirado de la región levantina y de Cataluña para unirse a Soult en el sur de Francia, ajustó una suspensión de las hostilidades. De este modo se terminó la guerra de la Independencia española (abril de 1814).

Esta guerra demostró que España podía ser realmente una única nación.

"Fuera de contadas excepciones, la guerra de la Independencia la hizo el pueblo, todos los españoles. Las élites de la época se adaptaron a la influencia de la Revolución francesa como hicieron luego en general ante el invasor, y la bandera de la independencia estuvo enarbolada por el pueblo que olfateó y repudió las actitudes afrancesadas de las clases dominantes y tomó partido contra tales ideas, después de haberlo tomado contra los oligarcas. Sin embargo, a la hora de reconstruir la nación, los que se apoderaron de las riendas fueron aquellos mismos estamentos que habían comulgado con el ideario burgués napoleónico" (Voltes, 1992: 332-333).

FERNANDO VII de España (1808-1833)

SIGLO XIX

LAS CORTES DE CÁDIZ

Constituida la Asamblea de los representantes, a partir de la Junta Central Suprema, comenzó su trabajo en Cádiz. Fruto de su labor legislativa nació la Constitución de 1812 (La Pepa), jurada el 19 de marzo, resumía las ideas liberales predominantes entre los miembros de la Asamblea: soberanía de la nación, catolicismo como religión, monarquía limitada y hereditaria, división de poderes (legislativo, ejecutivo, judicial), entre otros muchos temas.

Fernando VII salió de Valençay el 13 de marzo de 1814 y el 22 pisó tierra española por la frontera de Cataluña. Llegado a Valencia, expidió el decreto de 4 de mayo por el que declaraba "nulos y sin ningún efecto" la Constitución y demás actos legislativos de las Cortes, era la reacción absolutista (1814-1820).

La enconada lucha entre liberales y absolutistas fue la nota característica de todo el s. XIX y gran parte del XX.

Durante este periodo se vendieron a los Estados Unidos los territorios situados al Este del Mississippi (Florida occidental y oriental, 1819).

PERIODO CONSTITUCIONAL (1820-1823)

La oposición liberal se iba haciendo más fuerte y las sociedades secretas también, especialmente la masonería. En 1820, una sublevación proclamó la Constitución de 1812 y el Rey la juró; pero cuando se negó a firmar la disolución de las Órdenes monásticas, los conflictos entre absolutistas y liberales se agudizaron enormemente.

En 1822, los franceses temiendo que a Fernando VII le pudiera suceder lo mismo que a Luis XVI, mandaron tropas (Los cien mil hijos de San Luis) al mando del duque de Angulema, sobrino de Luis XVIII; éstas entraron en Madrid y luego bloquearon Cádiz, que tuvo que capitular y dejar libre al Rey (1823).

PERIODO ABSOLUTISTA (1823-1833)

Fernando VII, a pesar de haber prometido el olvido y el perdón de todo lo pasado, desarrolló una política muy represiva que también alcanzó a los absolutistas o apostólicos (partidarios de Carlos, hermano del Rey). Durante su reinado se perdieron todas las colonias de Mesoamérica y Sudamérica, que se declararon independientes entre 1816 y 1824.

En 1830, el Rey promulgó la Pragmática Sanción, decretada en 1789 por Carlos IV, que restablecía la ley de Partidas en cuanto a la sucesión de las hijas y derogaba una resolución de Felipe V que las excluía. Su hermano Carlos protestó y no se conformó.

Fernando VII murió en 1833, dejando planteada una guerra civil.

La hija del Rey, Isabel (II), contaba dos años, por lo que su última esposa, María Cristina de Borbón, se encargó de la Regencia. Durante su periodo se adoptó la división provincial actual, ideada por el motrileño Javier de Burgos (1833).

ISABEL II de España (1833-1868)

Al haberse proclamado la soberanía nacional como fuente y raíz de todo el poder político, el liberalismo se aplicó a rebajar el poder de la monarquía. Ambas tendencias –la liberal y la tradicionalista– se enfrentaron durante todo el s. XIX y buena parte del XX. Los elementos tradicionalistas, absolutistas o carlistas pusieron sus esperanzas en el infante Carlos (V), hermano de Fernando VII.

PRIMERA GUERRA CARLISTA

El primer levantamiento carlista, o guerra de los Siete Años (1833-1839), verdadera guerra civil, tuvo lugar en Talavera (Toledo) el día 2 de octubre de 1833 y fue sofocada inmediatamente, pero se extendió en seguida por el País Vasco, Navarra, La Rioja, Cataluña, Valencia, Castilla-León y La Mancha, y se unificó bajo la dirección de Tomás de Zumalacárregui.

En 1834, los radicales comenzaron las matanzas de religiosos y el asalto de conventos en Madrid (julio); los asaltos de conventos se extendieron por toda Cataluña, y luego a Valencia, Cádiz, Sevilla, Badajoz y muchas otras ciudades, para acabar con una revuelta en Madrid en agosto. Resurgió en julio de 1835 en Reus y Barcelona.

Viendo esto, Zumalacárregui convirtió las partidas en un ejército; la contienda civil tomó caracteres de verdadera ferocidad, matanzas de prisioneros, civiles y heridos de guerra. Zumalacárregui llegó a asediar Bilbao (1835), pero no pudo tomarla; un segundo intento tuvo lugar al año siguiente.

Se acentuó la anarquía en todo el país; los liberales radicales cometieron todo tipo de excesos contra las personas y los bienes de los religiosos, considerados absolutistas. Toda la opinión culta europea estaba escandalizada. Al ministerio de Mendizábal se debió la desamortización de los bienes de la Iglesia (su incautación y venta subasta pública).

Una conspiración de los sargentos de la Guardia Real en La Granja (Segovia) obligó a la regente María Cristina a aceptar la Constitución de 1812, hasta que las Cortes elaboraran otra (1836).

Los carlistas seguían activos en el País Vasco, en Cataluña y en el Maestrazgo. Fue célebre la atrevida expedición del general carlista Miguel Gómez que salió del País Vasco y recorrió Asturias, León, Castilla, Extremadura y Andalucía, pero fue vencido por Ramón María Narváez, el Espadón de Loja. Entre tanto, Baldomero Fernández Espartero levantó el asedio que sufría Bilbao (1836).

La Constitución de 1837, progresista, tuvo la virtud de que, a partir de entonces, las acciones y reacciones tuvieran metas constitucionales. La regente ofreció el poder a Espartero, lo rechazó; éste se dirigió con sus tropas contra el pretendiente Carlos y contra Zaratiegui y los derrotó en la provincia de Guadalajara (1837).

Aunque los ejércitos isabelinos obtuvieron algunos éxitos en 1838, con Espartero al frente, fueron las graves discordias del campo carlista las que aceleraron la terminación de la guerra con el Convenio de Vergara (1839). El abrazo que se dieron Rafael Maroto y Espartero puso término a la encarnizada lucha de casi siete años y que costó a los liberales 140.000 hombres y algunos menos a los carlistas. Quedaron algunos focos en Aragón, Cataluña y Valencia.

María Cristina renunció a la regencia y se trasladó a Marsella y luego a París. Las Cortes votaron para el cargo de regente al general Espartero (1841), y dos meses más tarde eligieron como tutor a Agustín Argüelles. Las conspiraciones de María Cristina causaron disturbios que Espartero reprimió con dureza. Pero finalmente, otra conspiración y una serie de pronunciamientos, de generales moderados y elementos progresistas, le obligaron a abandonar España (1843).

El ministerio de Joaquín María López, aconsejado por Narváez, uno de los principales complicados en la conspiración contra Espartero, decidió adelantar la mayoría de edad de la Reina (1843), que tenía 13 años.

LA DÉCADA MODERADA (1843-1854)

Con Luis González Bravo se inició la llamada *década moderada*, que hoy consideraríamos conservadora, caracterizada por el turno de la serie de ministerios de este matiz político; le sucedió el general Narváez (1844), que convocó unas Cortes constituyentes con el fin de reformar la del 37. El resultado fue la Constitución de 1845, de tono conservador, debilitaba el principio de la soberanía popular y reforzaba la monarquía, entre otras medidas.

En 1851 subió al poder Juan Bravo Murillo, que inició las obras del canal de Isabel II para el abastecimiento de aguas a Madrid, abrió caminos vecinales y llevó a cabo el arreglo de la deuda pública. En este mismo año se celebró un concordato con la Santa Sede y se puso fin a la política de persecución a la Iglesia, que había comenzado en 1834 y había culminado con los despojos de 1836 y 1837.

En 1854 volvieron las sublevaciones, los desmanes y la anarquía; la Reina comprendió que debía llamar al general Espartero.

LA SEGUNDA GUERRA CARLISTA (1846-1849)

Para facilitar la solución del problema dinástico, Carlos (V) abdicó en su hijo Carlos Luis, conde de Montemolín, a quien sus partidarios dieron el nombre de Carlos VI, pero fracasó su proyectado matrimonio con Isabel II por la intransigencia liberal. Brotaron partidas en diversos lugares, pero la guerra, en realidad, sólo tuvo importancia en Cataluña, donde las fuerzas carlistas eran mandadas por Ramón Cabrera. Los generales Manuel Pavía, José Gutiérrez de la Concha y Fernando Fernández de Córdoba sofocaron la sublevación; Cabrera se vio obligado a pasar a Francia

Algunos levantamientos en 1855-1856 fueron rápidamente sofocados, también en 1860. Carlos Luis renunció a sus derechos y recobró la libertad en unión de su hermano Fernando. Las tendencias liberales de Juan (III), tercero de los hermanos, en quien recayó la sucesión, y que reconoció a Isabel II, crearon un estado tal de desánimo en el seno de los carlistas que parecieron próximos a la disgregación, pero por renuncia de Juan se puso al frente su hijo Carlos María de Borbón (Carlos VII).

EL BIENIO PROGRESISTA (1854-1856)

Durante estos dos años, las figuras políticas fueron los generales Espartero, Narváez y Leopoldo O'Donnell. Éste último, que presidía la llamada Unión Liberal –fundada por Espartero y él mismo, de carácter progresista moderado–, gobernó la economía con acierto, pero posteriormente tuvo que declararle la guerra al sultán de Marruecos (1859); se distinguieron el propio O'Donnell y Juan Prim. Tetuán fue ocupada y, después del combate de Wad-Ras, se firmó el Tratado de Tetuán (1860).

Durante la última época del reinado de Isabel II se sucedieron diversos ministerios, entre ellos el de Narváez (1864-1865). Sus represiones y la conducta de la Reina con respecto a los bienes del Real Patrimonio provocaron nuevos disturbios, ésta encargó el gobierno a O'Donnell (1865-1866); Narváez, que le sucedió, fue incapaz de contentar a los liberales más progresistas.

EL GOLPE DE ESTADO

En 1868, una sublevación militar dirigida por el general Francisco Serrano, duque de la Torre, derrotó a las fuerzas leales a la Reina, cerca de Córdoba, y se dirigió hacia Madrid. La Reina, que veraneaba en San Sebastián, huyó a Francia (30 de septiembre de 1868); murió en París en 1904.

EL GOBIERNO PROVISIONAL (1868-1870)

Se constituyó bajo la presidencia del general Serrano. Las elecciones para las Cortes constituyentes dieron lugar a diversos desmanes del pueblo en Cataluña, Andalucía y otras regiones. La Constitución de 1869, progresista, fue promulgada el 6 de junio, afirmaba la soberanía nacional, de la que emanan todos los poderes, hacía que el poder legislativo residiera exclusivamente en las Cortes y consagraba la libertad de cultos. Durante este gobierno provisional se consiguió la simplificación del sistema monetario español y se adoptó la peseta (1868).

Constituido un nuevo ministerio bajo la presidencia del general Prim, Serrano fue nombrado regente mientras se hallara un nuevo monarca. Mientras tanto, la anarquía se apoderaba de todo el país a causa de los partidos carlistas y republicanos sublevados en Aragón, Cataluña, Valencia y Andalucía. De los numerosos candidatos se eligió a Amadeo de Saboya, que llegó a España el mismo día en que fue asesinado el general Prim (30 de diciembre de 1870).

AMADEO I de España (1871-1873)

Durante su reinado, los conflictos sociales fueron numerosos: levantamiento carlista, movimientos separatistas, indisciplinas militares, etc. Todo ello le llevó a abdicar.

LA PRIMERA REPÚBLICA (11 DE FEBRERO DE 1873 - 3 DE ENERO DE 1874)

El mismo día de la abdicación de Amadeo I (11 de febrero), reunidos el Congreso y el Senado, se proclamó la República.

Los once meses de la Primera República transcurrieron en medio de un caos inenarrable: guerra carlista, separatismo catalán, rebelión en Cuba, sublevaciones militares y cantonales (Valencia y Andalucía), que nadie fue capaz de solucionar o canalizar positivamente.

NUEVO GOLPE DE ESTADO

Ante tal desorden, el general Manuel Pavía, interpretando los deseos del Ejército, entró en el Parlamento y lo disolvió con el pretexto de "salvar el país de un gobierno federalista". De este modo se acabaron los días de la Primera República. El gobierno provisional lo presidió el general Serrano, que se encargó de restaurar la monarquía borbónica. El 29 de diciembre de 1874 fue proclamado rey Alfonso XII, hijo de Isabel II (Igual Úbeda, 1956).

TERCERA GUERRA CIVIL O CARLISTA (1872-1876)

Carlos (VII) protestó por la elección de Amadeo y pronto empezó la guerra (1872). Los carlistas se aprovecharon del desorden generalizado en todo el país (Amadeo I y I República), se apoderaron de Navarra, de gran parte del País Vasco y sitiaron Bilbao; otros focos de gran actividad bélica fueron Aragón, Cataluña y Valencia. Carlos estableció su corte en Estella (Navarra).

Por parte de los liberales se destacaron los generales Genaro de Quesada, Arsenio Martínez Campos y Miguel Primo de Rivera.

La boda de Alfonso XII con la archiduquesa María Cristina provocó que Austria dejara de apoyar la causa carlista (Voltes, 1992), más la defección del jefe carlista Ramón Cabrera, que reconoció a Alfonso, más las victorias militares de los generales mencionados, hicieron que el pretendiente, Carlos (VII) de Borbón, pasara la frontera y abandonara definitivamente España (28 de febrero de 1876). Sin embargo, el carlismo y el tradicionalismo sobrevivieron hasta la dictadura de Francisco Franco.

ALFONSO XII de España (1874-1885)

Alfonso abandonó España con once años y, en 1870, su madre –Isabel II– abdicó en su favor. Cuando fue proclamado Rey de España estaba en París, llegó a Madrid el 14 de enero de 1875.

Las figuras más notables de su reinado fueron Antonio Cánovas del Castillo de la Unión Liberal, Práxedes Mateo Sagasta del Partido Progresista y el general Martínez Campos. La Constitución de 1876 fue de tono moderado, más liberal que la de 1845 y menos que la de 1869.

LA GUERRA DE CUBA

En 1868 estalló la llamada guerra de los Diez Años o revolución de Yara, dura y cruel, ante la cual se estrellaron los esfuerzos de diversos generales españoles. Finalmente, el general Martínez Campos consiguió fomentar discordias en el bando rebelde y concertó la paz del Zanjón (1878); en ella se concedió a Cuba las mismas libertades políticas y administrativas que disfrutaba la isla de Puerto Rico, y la libertad de los esclavos.

Sin embargo, la inquietud continuó como lo demostraron la denominada guerra Chiquita (1879-1880) y algunos chispazos más en 1883 y 1885.

LA REGENCIA DE MARÍA CRISTINA (1885-1902)

El Rey había fallecido en El Pardo a los 28 años de edad y a los seis meses (1886) nació su hijo póstumo Alfonso (XIII); de la regencia se ocupó su madre María Cristina de Habsburgo por encargo de las Cortes (Voltes, 1992). Durante este largo periodo se alternaron en el poder: Sagasta (4 veces), Cánovas del Castillo (2 veces, y murió asesinado en 1897), Marcelo Azcárraga (3 veces) y Francisco Silvela.

Tampoco esta época fue de tranquilidad, hubo graves alteraciones sociales y tuvo lugar la insurrección de Cuba (1895). En 1893, los marroquíes de la zona de Melilla se amotinaron, Martínez Campos logró dominar la situación. En 1902 se declaró la mayoría de edad de Alfonso XIII, y juró la Constitución.

LA INDEPENDENCIA DE CUBA Y FILIPINAS

En 1893 se produjo un movimiento separatista, pero fue en 1895 que se inició la guerra; este movimiento independentista se propagó, esta vez, a toda la isla. Una propuesta de mediación de los Estados Unidos fue rechazada por Cánovas (1896). Los norteamericanos, en reiteradas ocasiones, expresaron su deseo de comprar Cuba, por lo menos en cuatro intentos: 1848-1849, entre 1857 y 1861, en 1889, y la final en 1898, sin contar las ofertas menos oficiales y concretas (Voltes, 1992).

En agosto de 1896 surgieron, también, los primeros chispazos de un levantamiento en Filipinas.

En 1897, Sagasta otorgó la autonomía a Cuba y a Puerto Rico, pero era tarde, el presidente de los Estados Unidos McKinley (del partido republicano) decidió acabar con la soberanía española en Cuba. En febrero de 1898, el acorazado norteamericano Maine hizo explosión, y en abril, los Estados Unidos declararon la guerra a España. En mayo fue destruida la escuadra española de Filipinas y en julio sucumbió nuestra flota en el combate naval de Santiago de Cuba.

España tuvo que aceptar las condiciones del Tratado de París (10 de diciembre de 1898): se renunció a la soberanía en Cuba –que fue gobernada por los Estados Unidos durante tres años y que proclamó la República en 1902– y se cedió, también a los Estados Unidos, las islas Filipinas, Guam y Puerto Rico, es decir, los últimos territorios del imperio colonial. Se terminó la etapa más gloriosa de la historia de España.

Algunos intelectuales, especialmente Joaquín Costa, Ángel Ganivet, Ramiro de Maeztu y Miguel de Unamuno sintieron la tristeza de aquellos acontecimientos, y se esforzaron por hallarle remedio en la exaltación del espíritu español vuelto hacia sí mismo (Igual Úbeda, 1956).

LA ESPAÑA DEL SIGLO XIX

La Constitución de 1812 convirtió la monarquía absolutista en monarquía constitucional, proclamaba el principio de la soberanía nacional, decretaba la igualdad de todos los españoles ante la ley, etc.

Se pueden considerar como más avanzadas y restrictivas de la autoridad real las constituciones de 1812, 1837 y 1869, y más conservadoras, el Estatuto Real de 1834, que fue en realidad una Carta otorgada, y las constituciones de 1845 y 1876.

El proceso unificador y centralizador, que ya se advirtió en el s. XVIII, se acentuó en el XIX por lo que se refiere al aspecto político, se abolieron los fueros de Navarra y del País Vasco por una ley de 1839. Desaparecieron las antiguas divisiones territoriales y fueron sustituidas por las provincias (Javier de Burgos). Un decreto de 1833 dividió España en 49 provincias, posteriormente las islas Canarias se constituyeron en dos provincias.

El déficit público, la deuda del Estado fue aumentando a lo largo de todo el s. XIX; a Raimundo Fernández Villaverde se debió la nivelación de los presupuestos, liquidándose con superávit el de 1900.

Se abolió el Tribunal de la Inquisición en 1813. Casi todos los gobiernos liberales tuvieron roces con la Iglesia, y en diversas ocasiones se produjeron matanzas de frailes, extinciones de conventos, incautaciones y ventas de bienes eclesiásticos.

LA POBLACIÓN

El número de habitantes de España empezó decididamente a aumentar: de 10.268.150 en 1787 a 15.655.467 en 1860 y a 18.594.405 en 1900.

LAS CLASES OBRERAS

El tráfico de esclavos se abolió en 1820 y después la esclavitud.

En 1864 se fundó la Internacional Obrera, en 1879 se constituyó el Partido Socialista Obrero Español, en 1888 nació la Unión General de Trabajadores.

El malestar de los campesinos existió durante todo el siglo, los desórdenes fueron frecuentes; a pesar de la creación de la Guardia Civil en 1844, la influencia anarquista fue ganando adeptos.

LAS COMUNICACIONES

La red de carreteras ascendía a 4.850 km en 1833, en el momento del destronamiento de Isabel II (1868) se habían alcanzado los 17.500 km. La red de ferrocarriles, radial también, se inició con la línea Barcelona-Mataró (1848), Madrid-Aranjuez (1851); en los años 1858 a 1868 y de 1875 a 1885 esta red aumentó.

Antes del ferrocarril, el viaje de Madrid a Barcelona duraba ocho días.

LA LITERATURA

Se suelen distinguir tres periodos en el s. XIX: prerromanticismo, continuación del neoclasicismo del XVIII, más o menos los primeros 30 años de la centuria; romanticismo, hasta 1860, y realismo hasta la generación del 98 y el modernismo.

– La etapa prerromántica: Manuel José QUINTANA, Juan Nicasio GALLEGO, Alberto LISTA.

– El romanticismo: sus tendencias aparecieron claramente en Francisco MARTÍNEZ de la ROSA y en el duque de RIVAS. Figuras destacadas fueron Mariano José de LARRA, Antonio GARCÍA GUTIÉRREZ entre otros, y dos grandes poetas, José de ESPRONCEDA y José ZORRILLA.

– El realismo:

Poetas, Ramón de CAMPOAMOR, Gaspar NÚÑEZ de ARCE, Gustavo Adolfo BÉCQUER.

Teatro, Adelardo LÓPEZ de AYALA, Manuel TAMAYO y José ECHEGARAY.

Novela, Cecilia BÖHL (Fernán Caballero), Pedro Antonio de ALARCÓN, Juan VALERA, José María de PEREDA, Benito PÉREZ GALDÓS, el autor más prolífico de la literatura española después de Lope de Vega, Emilia PARDO BAZÁN, Leopoldo ALAS (Clarín), Vicente BLASCO IBÁÑEZ, etc.

EL PENSAMIENTO

Durante la primera mitad del siglo destacaron dos figuras del pensamiento tradicional y conservador, Jaime BALMES y Juan DONOSO CORTÉS.

El pensamiento dominante a lo largo de la segunda mitad de la centuria fue el krausismo, una tendencia de tipo racionalista en política, religión y filosofía; sus pensadores inspiraron la Institución Libre de Enseñanza, la Enseñanza para la Mujer y otros organismos culturales.

Marcelino MENÉNDEZ PELAYO fue un gran historiador y pensador bastante conservador, y sus investigaciones literarias y críticas fueron muy importantes.

En medicina debe destacarse a Santiago RAMÓN y CAJAL, premio Nobel (1906).

LA ARQUITECTURA

Los estilos, durante la mayor parte del siglo, respondieron al neoclasicismo: Narciso PASCUAL (Palacio del Congreso), Francisco JAREÑO (Casa de la Moneda, Biblioteca Nacional), etc.

La afición a los estilos medievales, propagada por el romanticismo, influyó en el marqués de CUBAS (diseñó la catedral de la Almudena), Federico APARICI (basílica de Covadonga), Elías ROGENT (Universidad de Barcelona)...

En la corriente modernista, con gran pujanza en Cataluña, se destacaron: Josep PUIG i CADAFALCH (casa Amatller), Lluís DOMENECH i MONTANER (Palacio de la Música). Muy especialmente, brilló el famosísimo Antonio GAUDÍ (1852-1926), que aspiró a resumir y superar el gótico: la Sagrada Familia y muchos otros aclamados edificios, casa Vicens, palacio Güell, palacio episcopal de Astorga, parque Güell, casa Milá o *Pedrera*, etc.

LA ESCULTURA

Del neoclasicismo de la primera mitad del siglo hay que citar a José ÁLVAREZ; de la segunda mitad, Jerónimo SUÑOL, Ricardo BELLVER, etc. Después se hizo patente la influencia del impresionismo de Rodin en una serie de escultores.

LA PINTURA

Los pintores que alcanzaron mayor fama fueron: Mariano FORTUNY, Santiago RUSIÑOL, que además de pintor fue escritor, y Joaquín SOROLLA, el pintor de la luz. También gozaron de gran renombre "los MADRAZO", tres generaciones de pintores que representaron el neoclasicismo (José), el romanticismo (Federico), la pintura histórica (Luis) y los trazos ya impresionistas (Raimundo y Ricardo).

LA MÚSICA

Durante el primer tercio de la centuria predominó la influencia de la ópera italiana, especialmente la de Rossini. Se fundaron los conservatorios de Madrid (1830) y de Barcelona (1833). La reacción españolista vino con Hilarión ESLAVA y se prosiguió con Francisco Asenjo BARBIERI y Felipe PEDRELL.

A las orientaciones nacionales de Barbieri y Pedrell respondieron las obras de Tomás BRETÓN y Ruperto CHAPÍ. Siguieron Isaac ALBÉNIZ (*Iberia*), Enrique GRANADOS (*Danzas españolas, Goyescas*).

SIGLO XX

ALFONSO XIII de España (1902-1931)

En mayo de 1902, al cumplir 16 años de edad, Alfonso XIII prestó el juramento prescrito ante las Cortes.

Desde el primer momento, los problemas a los que se enfrentó España fueron: el terrorismo, los intentos revolucionarios, el republicanismo, la conflictividad social, las cuestiones religiosas, el regionalismo, el separatismo, las dificultades económicas y sociales, los tumultos, las huelgas, atentados, sabotajes, motines, asesinatos. Los mismos problemas que durante el s. XIX, pero acrecentados y radicalizados. En 1906, cuando contrajo matrimonio con Eva de Bathenberg, convertida al catolicismo con el nombre de Victoria Eugenia, la comitiva y los espectadores sufrieron un atentado con bomba.

Durante el gobierno de Antonio Maura (1907-1909), conservador, tuvo lugar la derrota del barranco del Lobo (Marruecos) y un motín revolucionario en Barcelona (1909), la Semana Trágica, del 26 al 31 de julio. Esta insurrección popular, en protesta por el envío de nuevas tropas a Marruecos, se tradujo en saqueos, destrucción y quema de conventos, iglesias, colegios y edificios públicos, asesinatos de religiosos, profanaciones de tumbas y todo tipo de actos vandálicos; resultaron alrededor de 100 muertos y 400 heridos entre la población civil, y 5 muertos y 160 heridos en la fuerza pública. Francisco Ferrer y otros cuatro fueron condenados a muerte (Voltes, 1992). El jefe de gobierno, José Canalejas, liberal de izquierdas, fue asesinado en la Puerta del Sol por un anarquista en 1912.

Enrique Prat de la Riba fue nombrado presidente de la Mancomunidad Catalana en 1913.

Eduardo Dato, liberal conservador y presidente del gobierno, fue el impulsor de la primera legislación laboral y de otras reformas progresistas, su recompensa fue que lo asesinaran unos sindicalistas en 1921.

LA DICTADURA (1923-1930)

Miguel PRIMO de RIVERA (1870-1930) tomó parte en las campañas de Marruecos (1893 y 1909), Cuba (1895) y Filipinas (1897). Siendo capitán general de Cataluña se proclamó dictador en 1923; se puso al frente de un directorio militar que, después, se sustituyó por un gobierno de civiles.

Su dictadura tuvo aspectos positivos en el campo económico –con José Calvo Sotelo de ministro de Hacienda– y con su plan de obras públicas (ferrocarriles, carreteras, pantanos, pueblos, repoblación forestal...). Pero finalmente, cansado y desgastado por todos sus enemigos políticos (desde monárquicos hasta anarcosindicalistas), decidió dimitir y expatriarse voluntariamente a París, donde murió poco después (1930).

Durante los años de la dictadura, conocidas figuras monárquicas (Miguel Maura, José Sánchez Guerra, Niceto Alcalá Zamora, Ángel Osorio, Manuel Azaña) abandonaron la defensa de la monarquía y se pasaron al republicanismo (Vidal, 2007).

LA CONQUISTA DEL NORTE DE ÁFRICA

En 1921 tuvo lugar un levantamiento del rifeño Abd el-Krim, que venció a las tropas españolas (desastre de Annual y monte Arruit) y se proclamó señor del Rif. Primo de Rivera decidió liquidar la guerra de Marruecos, pero la contienda resultó larga y costosa. En 1923 desembarcó en Melilla, en 1925 tuvo lugar el desembarco de Alhucemas, y en 1927 se terminó la guerra con la ocupación de todo el Protectorado. Abd el-Krim se rindió a los franceses.

En las campañas de esta guerra se formaron o actuaron figuras militares que pronto iban a dar mucho que hablar: Franco, Goded, Millán Astray, Muñoz Grandes, Queipo de Llano, Sanjurjo, Varela y otros.

Como consecuencia de la dimisión de Primo de Rivera (1930), se constituyó un nuevo gobierno al frente del cual Alfonso XIII nombró al general Dámaso Berenguer (1930-1931), con el fin de restablecer la normalidad constitucional.

Durante el año 1930 se multiplicaron las declaraciones antimonárquicas de famosos políticos. En San Sebastián se reunieron políticos republicanos, nacionalistas y antiguos monárquicos, con el apoyo de la U.G.T. y de los socialistas, y se comprometieron para derribar la monarquía y otorgar a los catalanes un estatuto de autonomía. También tuvieron lugar dos sublevaciones republicanas de militares en Jaca (Huesca) y Cuatro Vientos (Madrid) que fueron sofocadas.

El gobierno, débil, contemporizador y sin convicciones fracasó en sus intentos de enderezar la situación; Berenguer dimitió y el gobierno del almirante Juan Bautista Aznar convocó las elecciones municipales.

LA SEGUNDA REPÚBLICA (1931-1939)

LAS ELECCIONES DE ABRIL Y EL BIENIO REPUBLICANO (1931-1933)

En las dos fases de las elecciones de concejales (5 y 12 de abril) triunfaron los monárquicos globalmente, pero el bloque republicano-socialista ganó en casi todas las capitales de provincia; los republicanos únicamente consideraron como válidas las elecciones de las capitales y les dieron el valor de un plebiscito popular desfavorable a la monarquía. La argumentación produjo el efecto deseado y los republicanos se prestaron a proclamar la República.

El 14 de abril enviaron un ultimátum al Rey para que abandonase el territorio español "antes que el sol se pusiera".

Es necesario reconocer que personajes como Berenguer, José Sanjurjo, los políticos monárquicos, los miembros del gobierno (salvo dos) y los consejeros de palacio consideraron que el resultado de las elecciones debía interpretarse como un plebiscito a favor de la república y abandonaron la monarquía a su suerte. Sin embargo, lo menos que puede decirse es que el sistema constitucional vigente desapareció de un modo cuya legitimidad es discutible y dudosa (Vidal, 2007), y "la República se guardó de dar oficialmente los resultados electorales que señalaban, claramente, su ilegitimidad" (Chirveches, 2008: Ideal).

El monarca se resignó, salió de España y el comité revolucionario se hizo cargo del poder, designando a Niceto Alcalá Zamora para la presidencia del gobierno provisional de la Segunda República. El mismo día (14 de abril), también se proclamó la República Catalana y el Estado Catalán, presididos por el separatista Francesc Maciá. La Constitución consagró la victoria de una visión ideológica de izquierdas, no fue un texto que diera cabida a todos los españoles (Vidal, 2007).

Los dirigentes republicanos y el PSOE se lanzaron a una serie de reformas alocadas y radicales que no consiguieron más que radicalizar las posturas y llevar las contradicciones hasta el punto del no retorno; así, el primer bienio republicano fue una época de ilusiones frustradas para muchos, a causa del sectarismo ideológico de los vencedores del 14 de abril, su incompetencia económica y la acción no parlamentaria e incluso violenta de la izquierda radical (Vidal, 2007).

El 11 de mayo, ante la pasividad del gobierno, se inició la ofensiva contra la Iglesia, con la quema de iglesias y conventos en Madrid; con los edificios se destruyeron obras de arte, objetos preciosos, colecciones de libros, etc. El estrago se extendió a las provincias, y en Sevilla, Córdoba, Cádiz, Murcia, Valencia, Alicante y, sobre todo, en Málaga, las pérdidas fueron muy importantes.

El Estatuto vasconavarro fue aprobado por una asamblea de ayuntamientos celebrada en Estella el 14 de junio. El día 10 de diciembre fue elegido presidente de la República ALCALÁ ZAMORA (1931-1936), y su jefe de gobierno fue Manuel Azaña (1931-1933), representante de la izquierda burguesa.

En 1932, el general Sanjurjo organizó un levantamiento para el 10 de agosto, pero fracasó y fue condenado a muerte y, más tarde, amnistiado (1934). Motines en diversos puntos de la geografía española fueron reprimidos. En 1933 tuvo lugar la tragedia de Casas Viejas (Cádiz), un intento revolucionario anarquista. Su represión fue implacable por parte del gobierno de Azaña. El socialista Julián Besteiro fue aniquilado políticamente por ser moderado. Durante este bienio, la situación política fue peor que la anterior a la proclamación de la República.

Se organizó la Confederación Española de Derechas Autónomas (C.E.D.A.), partido conservador presidido por José María Gil Robles. En octubre tuvo lugar la fundación de Falange Española por José Antonio Primo de Rivera (1933).

EL GOBIERNO CONSERVADOR (1933-1936)

En las elecciones generales de 1933 (noviembre), la victoria fue de la CEDA y del Partido Radical de Alejandro Leroux, por un gran margen de votos. Leroux fue nombrado jefe de gobierno.

Este gobierno de derechas se vio permanentemente hostilizado y acosado por sindicatos y partidos izquierdistas, con huelgas constantes e intentos desestabilizadores (Chirveches, 2008). En octubre de 1934 estalló un movimiento revolucionario que culminó en la rebelión de Barcelona y la insurrección de Asturias; fueron sometidas, pero la revolución armada asturiana y su represión fueron muy sangrientas. Habían sido intentos revolucionarios para imponer la dictadura del proletariado promovidos por el sector largocaballerista del PSOE y por el Partido Comunista de España (Chirveches, 2008).

El Frente Popular, un frente único de las fuerzas de izquierdas –socialistas, comunistas, anarquistas, sindicalistas– quedó virtualmente constituido el 20 de octubre de 1935 en Madrid.

Durante esta época de gobierno de la derecha se consiguieron algunos logros sociales y económicos, pero el ambiente siguió siendo revolucionario.

EL GOBIERNO DEL FRENTE POPULAR (1936-1939)

En 1936, en las elecciones generales de febrero, las izquierdas (Frente Popular) recobraron el poder por un margen estrecho; Manuel AZAÑA fue designado presidente de la República (1936-1939), ni supo ni pudo controlar los acontecimientos. Sus jefes de gobierno fueron, José Giral, Santiago Casares Quiroga, que en julio de 1936 dimitió al no estar de acuerdo con la decisión de armar al pueblo, se exilió a Francia; le siguieron Francisco Largo Caballero (1936-1937), el llamado "Lenin español" y Juan Negrín (1937-1939).

Niceto Alcalá Zamora emigró a América; confesó al *Journal de Genève* que las elecciones de febrero de 1936 habían estado sembradas de irregularidades electorales (Vidal, 2007).

La legalidad constitucional no pudo mantenerse porque los partidos de la izquierda deseaban la revolución, al modo de la que Lenin consiguió en Rusia a partir de 1917; de esta manera, el gobierno era prisionero de las organizaciones revolucionarias. "Con el gobierno del Frente Popular aumentaron la inestabilidad social, la inseguridad y los enfrentamientos" (Chirveches, 2008: Ideal).

En 1936, Lluís Companys se hizo cargo del gobierno de la Generalitat. En marzo, en Extremadura, empezaron las ocupaciones de fincas; entre mayo y julio, la agricultura sufrió 92 huelgas y los sindicatos exigían subidas salariales del cien por cien, con lo que el paro se disparó. Muchos observadores extranjeros consideraron que la revolución ya estaba en marcha en los meses de marzo y abril de 1936 (Vidal, 2007).

El caos que vivía España no tardó en provocar una reacción por parte de la derecha; diversas reuniones de generales (Fanjul, Franco, Goded, Kindelán, Mola, Orgaz, Ponte, Saliquet, Varela, Villegas...) abordaron el problema de organizar y preparar un movimiento militar que evitara la ruina y desmembración de España (Vidal, 2007).

El 14 de marzo fueron clausurados todos los centros de la Falange y detenidos José Antonio Primo de Rivera y otros jefes; de la cárcel Modelo pasó al Puerto de Santa María, y de allí a la prisión de Alicante donde fue ejecutado tras un simulacro de proceso, el 20 de noviembre de 1936. En abril, el PSOE llamó a los socialistas, comunistas y anarquistas a constituir milicias del pueblo en todas partes (Vidal, 2007).

El 16 de junio, Gil Robles denunció en las Cortes el estado de cosas iniciado tras la llegada del Frente Popular al gobierno; entre los desastres provocados entre el 16 de febrero (día de las elecciones) y el 15 de junio se hallaban la destrucción de 196 iglesias, de 10 periódicos y de 78 centros políticos, 192 huelgas y 334 muertos... (Vidal, 2007).

El 12 de julio, un falangista asesinó a un teniente de la Guardia de Asalto, unas horas después (madrugada del 13), el político conservador José Calvo Sotelo fue arrestado y luego asesinado. Franco se mantuvo dubitativo respecto de un alzamiento militar hasta el 15 de julio (Vidal, 2007).

LA GUERRA CIVIL (1936-1939)

El 18 de julio de 1936 tuvo lugar el alzamiento de los generales de ideología conservadora. La rebelión militar se inició en Melilla, en la tarde del 17, y triunfó rápidamente en Marruecos y en las Canarias. El día 18 se extendió por la Península: Sevilla (ciudad), Zaragoza, Valladolid, Córdoba (ciudad), Burgos, Pamplona, Oviedo (ciudad), Granada (ciudad), La Coruña, Mallorca, Ibiza, gran parte de la provincia de Cádiz, etc. Quedaron en poder del Gobierno republicano Madrid, Barcelona, Valencia, Murcia, Málaga...

Como la rebelión militar sólo obtuvo un éxito parcial, se convirtió en una guerra civil.

El día 15 de septiembre de 1936, Largo Caballero decidió, de un modo dudosamente legal, que las reservas de oro del Banco de España fueran enviadas a la URSS (Vidal, 2007). El 6 de noviembre, el Gobierno decidió abandonar Madrid y dirigirse a Valencia. (Vidal, 2007).

Francisco FRANCO BAHAMONDE (1892-1975), general de brigada a los 33 años (1926) por méritos de guerra, fue nombrado Jefe del Estado y Generalísimo de los Ejércitos rebeldes el 1 de octubre de 1936, en Burgos

La guerra civil duró casi tres años, fue dura, encarnizada y cruel, con numerosas hazañas heroicas por parte de los dos bandos. La mejor organización de los ejércitos sublevados y su disciplina consiguieron que, a pesar de su inferioridad del primer momento, lograra la victoria final.

Al final de la guerra, la campaña de Cataluña duró 50 días. Multitud de fugitivos del ejército republicano pasaron a Francia, lo mismo que numerosos políticos, entre ellos Azaña, presidente de la República, que dimitió en París el día 28 de febrero de 1939. El 28 de marzo, las tropas del alzamiento entraron en Madrid. El 1 de abril de 1939, Franco anunció que la guerra había terminado.

Francia y Gran Bretaña reconocieron el Gobierno de Franco. En su triunfo y en su permanencia en el poder (1939-1975), no puede dejar de valorarse el hecho de que había ofrecido a Gran Bretaña y Francia ser neutral en una posible contienda europea, sugerencia que fue valorada muy positivamente por las dos democracias y que las aproximó aún más al gobierno proclamado en Burgos (Voltes, 1992).

La evidencia clara e inequívoca de la relativa simpatía que Churchill sentía por Franco se pudo comprobar en la conferencia de Potsdam (Alemania, del 17 de julio al 2 de agosto de 1945), en la que Stalin, Truman y el primer ministro inglés se reunieron. Stalin intentó convencer, sin éxito, a los otros dos de que se tenía que hacer algo contra el régimen de Franco porque era una "amenaza internacional". Como Truman no decía nada, Churchill se encargó de que no se tomara ninguna decisión en contra de España (Voltes, 1992).

LAS VÍCTIMAS DE LA GUERRA CIVIL

Según J. Eslava Galán (2005), el número de muertos en nuestra última guerra civil debe situarse entre 330.000 y 450.000. Entre 100.000 y 125.000 en el campo de batalla, entre 150.000 y 200.000 como resultado de las represalias en la zona rebelde (1936-1944), y unas 20.000 víctimas de las represalias en la zona republicana. Esta última cifra parece muy poco creíble si se tienen en cuenta otros recuentos que afirman que, tan sólo en Madrid, los aparatos represivos, las 226 checas del Frente Popular fueron las causantes de no menos de 14.898 víctimas mortales durante la guerra; mientras que la represión de los "nacionales" –incluida la de la posguerra– afectó a 4.438 personas (Vidal, 2007), y no daré más ejemplos.

LA DICTADURA DE FRANCO (1936-1975)

España pudo entrar en la ONU en 1955 y en 1956, España firmó con Marruecos un protocolo por el que se reconoció su independencia y se le entregaron los territorios del antiguo Protectorado.

España se modernizó mucho, se crearon riqueza y las condiciones que hicieron posible la Transición.

El 20 de noviembre de 1975 murió Francisco Franco y fue proclamado rey de España JUAN CARLOS I de Borbón, nieto de Alfonso XIII.

JUAN CARLOS I de España (1975-)

En el mismo mes de noviembre se abandonó el Sahara occidental.

En 1978 fue aprobada la Constitución que estableció la Monarquía Parlamentaria y a España como Estado de Autonomías.

En 1981 se firmó en Bruselas el protocolo de adhesión a la OTAN.

En 1986, España se incorporó a la Comunidad Económica Europea, precursora de la Unión Europea.

En 2002, el euro se convirtió en la moneda oficial, reemplazando la peseta.

Y ahora, la gran pregunta: ¿seremos capaces de seguir viviendo en democracia, o entre todos volveremos a las andadas? En estos momentos, lo que se aprecia son los numerosos intentos de violentar la Constitución.

LA ESPAÑA DEL SIGLO XX

Se suelen distinguir tres periodos en el desarrollo económico español del s. XX. El primero, de 1898 a 1913, que podría llamarse de recuperación de la pérdida de los restos del imperio colonial; el segundo, de 1914 a 1930, de cierto florecimiento, como consecuencia de la neutralidad española durante la I Guerra Mundial y del periodo de la Dictadura, cuyo final coincidió con la gran crisis financiera americana de 1929-1930; desde 1939 hasta la actualidad –en que estamos sumidos en una nueva crisis financiera internacional– se extiende el tercer periodo, que se ha caracterizado por un lento, pero constante desarrollo económico y social que se aceleró bastante a partir del ingreso de España en la C.E.E.

LA LITERATURA

A fines del s. XIX irrumpió el modernismo por influencia directa de Rubén Darío; el modernismo pretendió ser una reacción contra la racionalidad y la estética burguesas: Jacinto BENAVENTE, gran comediógrafo y premio Nobel (1922), Juan Ramón JIMÉNEZ, premio Nobel en 1956, Antonio y Manuel MACHADO, Ramón María del VALLE-INCLÁN.

Paralelamente, los autores de la generación del 98 adoptaron una postura crítica y de compromiso; su literatura, cargada de preocupaciones ideológicas y sociales, utilizó un lenguaje sencillo y antirretórico basado en una estética radicalmente opuesta a las innovaciones formales de los modernistas. El país andaba mal y se había perdido el imperio americano; una corriente de pesimismo y de autocrítica se manifestaba en todas partes, les "dolía España".

Los principales autores noventayochistas fueron: AZORÍN (José Martínez Ruiz), que fue el primero en usar la denominación de generación del 98 (1913), Pío BAROJA, que fue el novelista por antonomasia de la primera mitad del s. XX, Ángel GANIVET, Antonio Machado, Ramiro de MAEZTU, Miguel de UNAMUNO, Ramón María del Valle-Inclán.

Otros autores teatrales fueron Eduardo MARQUINA, los hermanos Joaquín y Serafín ÁLVAREZ QUINTERO.

Hacia 1910 surgió un movimiento que, a partir del modernismo y de la generación del 98, presentó interesantes características. El intelectualismo de esta generación alcanzó su máxima expresión en José ORTEGA y GASSET, Eugenio D'ORS, Julián MARÍAS, Pedro LAÍN ENTRALGO. Los novelistas fueron Concha ESPINA, Ramón GÓMEZ de la SERNA, Gabriel MIRÓ, Ramón PÉREZ de AYALA.

Tras el impacto de las vanguardias (cubismo, surrealismo) apareció un nuevo grupo de poetas, la generación del 27, que llevó la literatura española a un terreno más estrictamente poético; los integrantes pertenecen a una generación surgida entre 1920 y 1930: Rafael ALBERTI, Vicente ALEIXANDRE, premio Nobel en 1977, Dámaso ALONSO, Manuel ALTOLAGUIRRE, Luis CERNUDA, Gerardo DIEGO (su célebre antología, en sus ediciones de 1932 y 1934, confirió al grupo la entidad de generación), Federico GARCÍA LORCA, Jorge GUILLÉN, Miguel HERNÁNDEZ, Pedro SALINAS.

Prosistas contemporáneos fueron Max AUB, Francisco AYALA, Rosa CHACEL, Ramón J. SENDER.

En el teatro de posguerra hay que citar: Carlos ARNICHES, Antonio BUERO VALLEJO, Alejandro CASONA, Antonio GALA, Enrique JARDIEL PONCELA, Juan Ignacio LUCA de TENA, Miguel MIHURA, Pedro MUÑOZ SECA, Francisco NIEVA, Alfonso PASO, José María PEMÁN, Alfonso SASTRE; en el ámbito de la poesía: Jaime Gil de BIEDMA, Carlos BOUSOÑO, Gabriel CELAYA, Luis GARCÍA MONTERO, José HIERRO, Blas de OTERO, Leopoldo PANERO, Luis ROSALES, etc.

La novela volvió a ser, como a finales del s. XIX, el género más importante, con numerosísimos autores: Juan BENET, José Manuel CABALLERO BONALD, Camilo José CELA, premio Nobel en 1989, Miguel DELIBES, Antonio GALA, José María GIRONILLA, Juan y Luis GOYTISOLO, Almudena GRANDES, Alfonso GROSSO, Carmen LAFORET, Juan MARSÉ, Carmen MARTÍN GAITE, Luis MARTÍN-SANTOS, Ana María MATUTE, Eduardo MENDOZA, Juan José MILLÁS, Antonio MUÑOZ MOLINA, Arturo PÉREZ REVERTE, Mercè RODOREDA, Carlos RUIZ ZAFÓN, Rafael SÁNCHEZ FERLOSIO, Gonzalo TORRENTE BALLESTER, Francisco UMBRAL...

LA ARQUITECTURA

Después de Gaudí (m. en 1926), se señalaron una serie de direcciones más o menos vinculadas a las europeas contemporáneas y, luego, grandes renovadores de la arquitectura: Ricardo BOFILL, Santiago CALATRAVA, Luis GUTIÉRREZ SOTO, Rafael MONEO, etc.

LA ESCULTURA

Nombres importantes son Eduardo CHILLIDA, Pablo GARGALLO, Victorio MACHO, Joan MIRÓ, Pablo RUIZ PICASSO...

LA PINTURA

La pintura española del s. XX es una de las más brillantes y destacadas del mundo: Modest CUIXART, Salvador DALÍ, Luis FEITO, Juan GRIS, José GUTIÉRREZ SOLANA, Antonio LÓPEZ, Manolo MILLARES, Joan MIRÓ, Pablo RUIZ PICASSO, Antonio SAURA, Antoni TAPIES, Ignacio ZULOAGA, etc.

LA MÚSICA

Los grandes compositores del s. XX son: Manuel de FALLA, los miembros de la familia HALFFTER, Rodolfo, Ernesto y Cristóbal, Xavier MONTSALVATGE, Luis de PABLO, Joaquín RODRIGO, Joaquín TURINA, entre otros.

Se ha registrado también un renacimiento de la zarzuela con: Jacinto GUERRERO, Federico MORENO TORROBA, José SERRANO, Pablo SOROZÁBAL, Amadeo VIVES.

También hay que destacar la gran calidad de los intérpretes musicales: Pau CASALS, Andrés SEGOVIA, etc., y en el *bel canto*: Victoria de los ÁNGELES, Jaume ARAGALL, Montserrat CABALLÉ, Josep CARRERAS, Plácido DOMINGO, Alfredo KRAUS, entre otros.

EL CINE

Algunos directores cinematográficos de gran renombre son: Pedro ALMODÓVAR, Alejandro AMENÁBAR, Vicente ARANDA, Jaime de ARMIÑÁN, Antonio BARDEM, Luis BUÑUEL, Mario CAMUS, Fernando COLOMO, Fernando FERNÁN GÓMEZ, Jesús FRANCO, José Luis GARCI, Luis GARCÍA BERLANGA, José Luis GARCÍA SÁNCHEZ, Manuel GUTIÉRREZ ARAGÓN, Álex de la IGLESIA, Luis LUCIA, Pilar MIRÓ, Josefina MOLINA, Pedro OLEA, Carlos SAURA...

APÉNDICES

PORTUGAL

Una ciudad o poblado, Cale, anterior a la dominación romana, situada en una eminencia a la derecha del Duero y dentro del área que hoy ocupa la ciudad de Oporto, está en el origen del nombre del país lusitano; en época romana funcionaba como puerto importante: Portucale. A partir del s. IX ya se aplicaba el nombre de Portucale para designar un territorio cada vez más amplio; desde fines del s. X existía el condado portucalense.

SIGLO XI

Durante el reinado de ALFONSO VI de Castilla, éste le encargó a ENRIQUE DE BORGOÑA, casado con su hija bastarda TERESA, hacia el año 1095, el gobierno del condado portucalense; este territorio se extendía desde el Miño hasta el sur del río Mondego, comprendiendo la comarca de Coimbra y la zona reconquistada hasta Santarem.

SIGLO XII

ALFONSO ENRÍQUEZ (1128-1185), hijo de Enrique de Borgoña, venció a los musulmanes en la batalla de Ourique (1130). En 1143 le fue reconocido el título de rey, pero con cierta dependencia política, más nominal que efectiva, respecto a Alfonso VII de Castilla. En 1147 se apoderó de Santarem y de Lisboa, más tarde conquistó Évora y Beja. En 1179, el papa Alejandro II le reconoció el título de rey.

SIGLO XIII

SANCHO I (1185-1211) conquistó Silves.

ALFONSO II (1211-1223) tomó parte en la batalla de las Navas de Tolosa (Jaén, 1212) y conquistó Alcázar do Sal.

SANCHO II (1223-1248) se apoderó de Elvas.

ALFONSO III (1248-1279) completó la reconquista portuguesa adueñándose del Algarve (1249).

SIGLOS XIII-XVI

DON DIONÍS (1279-1325) contribuyó notablemente en el afianzamiento de la lengua portuguesa y fundó la Universidad de Lisboa.

ALFONSO IV (1325-1357) ayudó al rey de Castilla, Alfonso XI, en la batalla del Salado (Cádiz, 1340).

Al morir FERNANDO I (1367-1383), le correspondía la corona a su hija Beatriz, casada con Juan I de Castilla, pero un movimiento popular y nobiliario proclamó rey al gran maestre de la Orden de Avís, con el nombre de JUAN I (1385-1433); el de Castilla fue derrotado en Aljubarrota (1385). En conmemoración de este triunfo, Juan I erigió el monasterio de Batalha, cuya iglesia es el más hermoso ejemplar de la arquitectura gótica portuguesa.

Los hijos de Juan I iniciaron la expansión ultramarina, que comenzó con la toma de Ceuta (1415).

El comercio con Oriente –oro, marfil, piedras preciosas y las especias– era dificultoso dado el monopolio ejercido por Venecia y Génova, y la presencia de los turcos; estas razones llevaron a los portugueses a pensar en la ruta de África hasta la Indias. El infante ENRIQUE el Navegante, uno de los hijos de Juan I, fue el gran impulsor de los descubrimientos. Creó una escuela de navegantes en Sagres, reunió gentes versadas en ciencias náuticas, como el cosmógrafo Jaime de Mallorca; tras diversos ensayos se adoptó la carabela como nave apropiada, por ser ligera y de fácil maniobra.

La labor de Enrique se desarrolló durante los reinados de Juan I, DUARTE (1433-1438), ALFONSO V (1438-1481), el Africano, –así llamado por sus conquistas en Marruecos–, y JUAN II (1481-1495).

Se colonizaron las islas de Madeira (1418) y Azores (1427-1431); Gil EANES pasó el cabo Bojador (1434), Dinís DIAS dobló el cabo Verde (1444), y poco después se descubrieron las islas del mismo nombre y el golfo de Guinea, donde se fundó la plaza de San Jorge de la Mina (1482); en este mismo año Diego CAO reconoció la desembocadura del río Congo y continuó hacia el Sur. Estas exploraciones se culminaron cuando Bartolomé DIAS descubrió y dobló el cabo de Buena Esperanza (1488). Un decenio más tarde, Vasco de GAMA llegó a la India (1497-1499).

Durante los reinados de MANUEL I el Grande o el Afortunado (1495-1521) y JUAN III (1521-1557) se continuaron los viajes exploratorios. Pedro ÁLVARES CABRAL alcanzó el Brasil (1500) y estableció una colonia. Las siguientes expediciones llevaron a los portugueses a Malaca (1509), Siam (1509), China (1514-1517), Dai Viet, Camboya y Japón (1542).

SIGLOS XVI-XVII

La unidad peninsular se realizó en tiempos de Felipe II de España (1580), pero quedó definitivamente rota en la época de Felipe IV (1640), por obra del duque de Braganza que reinó con el nombre de JUAN IV (1640-1656).

ALFONSO VI (1656-1683), con la ayuda francesa, venció en Elvas (1659) a las tropas españolas de Felipe IV, y el Tratado de Lisboa (1668) reconoció la independencia de Portugal.

SIGLOS XVIII-XIX

JOSÉ I (1750-1770) confió el gobierno a Carvalho de Melo, nombrado marqués de Pombal en 1770.

MARÍA I (1777-1816) destituyó al famoso marqués de Pombal y en 1793 declaró la guerra a la Francia revolucionaria. Con la ayuda británica del general Wellesley, duque de Wellington, los portugueses derrotaron a los franceses en Sintra (1808) y los expulsaron de Portugal.

JUAN VI (1816-1826) otorgó una Constitución liberal a los portugueses en 1821. Su hijo PEDRO se proclamó emperador del Brasil y declaró su independencia (1822). Siguió una guerra civil y en tiempos de MARÍA II (1826-1853) se aprobaron las actas que establecían el sufragio directo (1852)

LUIS I (1861-1889) publicó un código civil (1867) y emprendió importantes reformas, entre ellas la abolición de la esclavitud en las colonias (1868) y la venta de los bienes del clero (1870).

SIGLO XX

CARLOS I (1889-1908) recurrió a la dictadura con Joao FRANCO (1907-1908); el monarca y su hijo fueron asesinados en 1908. Su segundo hijo, MANUEL II (1908-1910), restauró la Constitución e hizo concesiones a los liberales, pero fue destituido por una revolución cívico-militar republicana en 1910.

El régimen parlamentario (1910-1926) de Portugal se caracterizó por una gran inestabilidad. Durante la Primera Guerra Mundial, Portugal combatió con los aliados. En 1926, el general GOMES da COSTA se sublevó y derrocó el régimen parlamentario; fue desplazado por otro general, Antonio Oscar de FRAGOSO CARMONA que ejerció la presidencia de la "república unitaria corporativa" hasta su muerte en 1951.

Antonio OLIVEIRA SALAZAR se convirtió en el hombre fuerte a partir de 1932; apoyó a Francisco Franco; permitió que Gran Bretaña (1943) y los Estados Unidos (1944) utilizaran las Azores como base militar aeronaval durante la Segunda Guerra Mundial. El comienzo de la crisis vino de los dominios coloniales en Asia (Timor, Macao, Goa, Diu y Damao) y en África (Angola, Mozambique, Guinea Portuguesa, islas de Cabo Verde y de Santo Tomé y Príncipe).

En 1961, las tropas indias ocuparon Goa, Diu y Damao; en el mismo año se iniciaron las revueltas y la guerra de guerrillas en Angola y Mozambique.

En 1968, Salazar, enfermo, fue sustituido por Marcelo CAETANO.

El 25 de abril de 1974 tuvo lugar la "revolución de los claveles" que restableció las libertades democráticas. El general SPÍNOLA estuvo al frente de la "república democrática del 25 de abril". Las primeras elecciones dieron el triunfo a los socialistas (1975); se culminó el proceso de descolonización y la Constitución democrática de 1976 fue aprobada. Los socialistas de Mario SOARES ganaron las elecciones parlamentarias.

Portugal y España se integraron en la Unión Europea (C.E.E.) en 1986.

REYES DE NAVARRA

DINASTÍA ÍÑIGA

Íñigo Arista: 820-852?
García I Íñiguez: 852?-870
Fortún Garcés: 870-905

DINASTÍA XIMENA

Sancho Garcés I: 905-926
García II Sánchez I: 926-970
Sancho Garcés II: 970-995
García III Sánchez II: 995-1000
Sancho III: 1000-1035
García IV Sánchez III: 1035-1054
Sancho IV: 1054-1076

CASA DE ARAGÓN

Sancho V de Aragón: 1063-1094
Pedro I de Aragón: 1094-1104
Alfonso I de Aragón: 1104-1134

CASA DE NAVARRA

García V Ramírez: 1134?-1150
Sancho VI: 1150-1194
Sancho VII: 1194-1234

CASA DE CHAMPAGNE

Teobaldo I: 1234-1253
Teobaldo II: 1253-1270
Enrique I: 1270-1274

REYES DE NAVARRA y FRANCIA

Juana I: 1274-1305
Luis el Hutín: 1305-1315
Felipe I (V de Francia): 1315-1322
Carlos I (IV de Francia): 1322-1328

CASA DE EVREUX

Juana II: 1328-1349
Carlos II: 1349-1387
Carlos III: 1387-1425
Blanca I: 1425-1479 y Juan II (de Navarra y Aragón)
Leonor I: 1479

CASA DE FOIX

Francisco I: 1479-1483
Catalina I: 1483-1512

CONDES DE BARCELONA

Wifredo el Velloso: 870-897
Wifredo II o Borrell I: 898-912
Suniario o Sunyer: 912-954
Miró I: 954-966
Borrell II: 947-992
Ramón Borrell III: 992-1018
Berenguer Ramón I: 1018-1035
Ramón Berenguer I: 1035-1076
Ramón Berenguer II: 1076-1082
Berenguer Ramón II: 1076- 1096
Ramón Berenguer III: 1096-1131
Ramón Berenguer IV: 1131-1162

REYES DE ARAGÓN

Ramiro I: 1035-1063

REYES DE ARAGÓN y NAVARRA

Sancho V Ramírez: 1063-1094
Pedro I: 1094-1104
Alfonso I: 1104-1134

REYES DE ARAGÓN

Ramiro II: 1134-1137
Petronila I: 1137-1162
Alfonso II: 1163-1196
Pedro II: 1196-1213
Jaime I: 1213-1276
Pedro III: 1276-1285
Alfonso III: 1285-1291
Jaime II: 1291-1327
Alfonso IV: 1327-1335
Pedro IV: 1335-1387
Juan I: 1387-1396
Martín I: 1396-1410

CASA DE TRASTÁMARA

Fernando I: 1412-1416
Alfonso V: 1416-1458
Juan II: 1458-1479
Fernando II (V de Castilla): 1479-1516

REYES DE ASTURIAS

CASA DE PELAYO

Pelayo: 718-737
Favila: 737-739

CASA DE CANTABRIA

Alfonso I: 739-757
Fruela I: 757-768
Aurelio I: 768-774
Silo I: 774-783
Mauregato I: 783-789
Bermudo I: 789-791
Alfonso II: 791-842
Ramiro I: 842-850
Ordoño I: 850-866
Alfonso III: 866-910

REYES DE LEÓN

García I: 910-914
Ordoño II: 914-924
Fruela II: 924-925
Alfonso IV: 925-931
Ramiro II: 931-951
Ordoño III: 951-956
Sancho I: 956-958

Ordoño IV: 958-960
Sancho I (2ª vez): 960-966
Ramiro III: 966-984
Bermudo II: 984-999
Alfonso V: 999-1028
Bermudo III: 1028-1037

CONDES DE CASTILLA

Fernán González: 932-970
Garci-Fernández: 970-995
Sancho I García: 995-1017
García Sánchez: 1017-1029

REYES DE CASTILLA Y LEÓN

CASA DE NAVARRA

Fernando I: 1035-1065
Sancho II: 1065-1072
Alfonso VI: 1072-1109
Urraca I: 1109-1126

CASA DE BORGOÑA

Alfonso VII: 1126-1157
Sancho III: 1157-1158
Fernando II (en León): 1157-1188
Alfonso VIII: 1158-1214
Alfonso IX (de León): 1188-1230
Enrique I: 1214-1217
Berenguela I: 1217
Fernando III: 1217-1252
Alfonso X: 1252-1284
Sancho IV: 1284-1295
Fernando IV: 1295-1310
Alfonso XI: 1310--1350
Pedro I: 1350-1369

CASA DE TRASTÁMARA

Enrique II: 1369-1379
Juan I: 1379-1390
Enrique III: 1390-1406
Juan II: 1406-1454
Enrique IV: 1454-1474
Isabel I: 1474-1504 y Fernando V: 1474-1516
Regencia del cardenal Cisneros: 1516-1517

REYES DE ESPAÑA

CASA DE AUSTRIA

Juana I y Felipe I
Carlos I: 1517-1556
Felipe II: 1556-1598
Felipe III: 1598-1621
Felipe IV: 1621-1665
Carlos II: 1665-1700

CASA DE BORBÓN-ANJOU

Felipe V: 1700-1746
Luis I: 1724
Fernando VI: 1746-1759
Carlos III: 1759-1788
Carlos IV: 1788-1808

CASA BONAPARTE

José I: 1808-1813

CASA DE BORBÓN

Fernando VII: 1808-1833
Isabel II: 1833-1868

GOLPE DE ESTADO

Francisco Serrano: 1868-1871

CASA DE SABOYA

Amadeo I: 1871-1873

PRIMERA REPÚBLICA: 1873-1874

GOLPE DE ESTADO

Francisco Serrano: 1874

CASA DE BORBÓN

Alfonso XII: 1874-1885
Regencia de María Cristina: 1885-1902
Alfonso XIII: 1902-1931

SEGUNDA REPÚBLICA: 1931-1936/39

DICTADURA

Francisco Franco: 1936/39-1975

CASA DE BORBÓN

Juan Carlos I: 1975-

BIBLIOGRAFÍA

Estos apuntes se han elaborado siguiendo el hilo conductor del libro de C. Pérez-Bustamante, tomándolo como obra fundamental; las otras referencias se han utilizado para completar la información y aclarar detalles.

ANGULO ÍÑIGUEZ, D. (1973) Historia del Arte. Madrid: Distribuidor E.I.S.A.

CHIRVECHES, J (2008) 18 de julio. Ideal del 18/07/2008.

DICCIONARIO ENCICLOPÉDICO LAROUSSE (1990) Barcelona: Planeta.

DICCIONARIO ENCICLOPÉDICO PLANETA AGOSTINI (1996) Barcelona: Planeta DeAgostini.

ESLAVA GALÁN, J. (2005) Una historia de la guerra civil que no va a gustar a nadie. Barcelona: Círculo de Lectores.

GARCÍA DE CORTAZAR, J.A. (1977) Historia de España Alfaguara II. La época medieval. Madrid: Alianza.

IGUAL ÚBEDA, A. (1956) Historia de España. Barcelona: Salvat.

MARTÍN, J.L. (1976) La Península en la Edad Media. Barcelona: Teide.

PÉREZ-BUSTAMANTE, C. (1964) Compendio de historia de España. Madrid: Atlas.

RIU, M. (1975) Lecciones de historia medieval. Barcelona: Teide.

SANTOS YANGUAS, J. (1999) Los pueblos de la España antigua. Madrid: Historia 16.

VIDAL, C. (2007) La guerra que ganó Franco (I). Barcelona: Planeta DeAgostini

VILAR, P. (1974) Historia de España. París: Librairie Espagnole.

VOLTES, P. (1992) Historia inaudita de España. Barcelona: Círculo de Lectores.

WIKIPEDIA: http://es.wikipedia.org/wiki/Wikipedia

www.ingramcontent.com/pod-product-compliance
Ingram Content Group UK Ltd.
Pitfield, Milton Keynes, MK11 3LW, UK
UKHW050614260726
13967UKWH00008B/2850

9 781447 527336